# 芯片陷阱

## LA PUCE ET LE MORPION

Les dessous du
raid de la CIA
sur la première Licorne
française

[法] 马克·拉叙斯（Marc Lassus） 古文俊 著
法意 译

中信出版集团 | 北京

图书在版编目（CIP）数据

芯片陷阱 /（法）马克·拉叙斯，古文俊著；法意译. -- 北京：中信出版社，2021.8

ISBN 978-7-5217-3087-6

Ⅰ. ①芯… Ⅱ. ①马… ②古… ③法… Ⅲ. ①芯片—高技术企业—企业发展—概况—法国 Ⅳ. ① F456.566

中国版本图书馆 CIP 数据核字（2021）第 092351 号



芯片陷阱

著　　者：［法］马克·拉叙斯　古文俊
译　　者：法意
出版发行：中信出版集团股份有限公司
（北京市朝阳区惠新东街甲 4 号富盛大厦 2 座　邮编　100029）
承 印 者：宝蕾元仁浩（天津）印刷有限公司

开　　本：787mm × 1092mm　1/16　　印　　张：18.25　　字　　数：200 千字
版　　次：2021 年 8 月第 1 版　　印　　次：2021 年 8 月第 1 次印刷
京权图字：01-2021-2656
书　　号：ISBN 978-7-5217-3087-6
定　　价：68.00 元

我要将此书献给卓越的里昂国立应用科学学院。母校六十年如一日地秉持着法国最为纯正的传统，在追求科技领先的同时大胆创新，培养出了一代代卓越的工程师。

母校培养了我诸多能力，我坚信法国也能够创造出世界一流的高科技。里昂国立应用科学学院在法国内外的其他分校也都秉持着相同的信念。

我还要将此书献给我在中国的伙伴以及合作方，是他们帮助金普斯公司成为全球道德与成功的典范。

**马克·拉叙斯**

# 目录

# 序 言

我们向您介绍的是一家年轻的法国公司金普斯（GEMPLUS）的故事。20 世纪 90 年代，金普斯发明了一款在全球大获成功的产品。

事实上，这款产品一经问世，便立即进入了全球数十亿人的口袋并深入人心，尤其是在中国，中国很早就明智地同金普斯建立了稳定的合作关系。

这款产品在法国被称为“la carte à puce”，在英语国家被称为“Smart Card”，在西班牙语国家被称为“tajeta con chip”，在中国则被称为“芯片卡”[①]。

它其实就是一种保护持有者个人私密信息的微型数字计算机。如今最好的芯片卡莫过于我们手机里的 SIM 卡（用户身份识

① “芯片卡”即通常所称的“智能卡”。

别卡）。

对于所有参与者，包括公司职员、合作伙伴、投资者及相关国家而言，金普斯的故事本应是一场非凡的历程。但是在公司成立十年之后，一场灾难发生了。一家由美国中央情报局（CIA）幕后操纵的投资基金公司突然发现，金普斯创造的芯片卡（更确切地说是 SIM 卡）可以被用作国际间谍工具，而且它的能力空前强大，监测范围可覆盖全人类。

金普斯的创始人马克·拉叙斯曾处于这场灾难的旋涡中心，并且不得不在美国对其公司接连发出的进攻之下缴械投降。他先是受到美国掠夺者的攻击，随后又被困于美国，最终他的公司被清算并走向败亡。

这本书就描述了马克·拉叙斯“登上天堂”，然后不幸“坠入地狱”的历程。因为美国抢走了他的公司……

然而，经过顽强的斗争，马克·拉叙斯得以涅槃重生。如今，他致力于发展可再生能源事业，并且在日益激烈、残酷的国际竞争中，明智地提出与中国建立稳定的合作关系。

他在反思自己过去面对美国掠夺者攻击之下的做法时，也发现了对方的弱点。在他看来，美国的弱点正变得越来越明显。

他建议中国和法国应该与欧洲的其他国家以及非洲展开密切的合作。

我们即将踏上新的征程！

# 引　言

## 跳蚤与虱子

《跳蚤与虱子》[①]，这个书名看起来像是寓言故事的标题，但这并非寓言故事。这是一段真实的故事，一段亲历的故事。这是我的故事。

对于出生在法国西南部比利牛斯山深处的我来说，这段不同寻常的人生经历本不该发生。

但为何今日我决定重新提及这段始于第二次世界大战前夕的往事呢？有以下几点原因。

首先，我有义务向成千上万的合作方说出真相，他们曾协助我创造了芯片卡。芯片卡正是由我之前所在的公司金普斯在法国南部研发的。

① 本书法文版书名 *La Puce et le Morpion* 的直译。

其次，我希望回应亲友们恳切的要求，他们只见证了这段历史的局部，却常常忽视了真相的全貌。作为主要参与者，我应该向他们坦诚地展示故事的全部脉络。

最后，也是出于对我家人的尊重。他们已经承受了太多的痛苦，特别是大量书籍和报纸中记载的那些被歪曲的、有失公允的事实，而我从未有机会让别人听到我的声音。强大的政治机构和金融机构四处散播着假消息，而其中大部分是美国的机构。它们希望通过将我妖魔化来洗脱它们掠夺法国一家年轻企业的罪名。

那么在这段故事中“虱子”做了什么呢?

经过仔细思考，我认为这个故事的主人公最终得以存活于世，有赖于他对胜利的执着，以及为了活着而抗争到底的精神。

我最终得以幸存，首先应该归功于我特殊的家庭环境，它让我跨越了许多障碍。我出生于巴斯克地区的一个名叫莫莱翁利沙尔的小镇，在家中排行老大，父母曾是贝阿恩的年轻教师。父母对待教育事业以及他们的学生，就如同传教士般全身心地投入，无时无刻不散发着活力与勇气。此外,他们都发自内心地热爱运动。

然而，我的童年却极不寻常。

我出生在爷爷奶奶家，那时连婴儿保温箱都不常见。出生后没几天，我便被诊断出喉咙处患有蜂窝织炎。这种病足以夺走我年幼的生命，但一位年长的乡村医生成功地挽救了我。

虽然情况很快有所好转，但我的身体依然很虚弱。四岁时，小儿麻痹症又折磨着我的四肢和各个器官。那时候在东比利牛斯省，人们还没有把这种病称为“脊髓灰质炎”。这种病让我左半边身体动弹不得，一只眼睛也闭不上。

幸好在我出生后 18 个月，弟弟出生了。他叫米歇尔。他看上去活泼好动，讨人喜欢，我们说的话他总能模仿着唱个不停，而且唱得很动听。他的体质比我好得多。我们两个就像双胞胎一样一起长大，总是穿着相似的衣服。一路走来，他一直都坚定地支持着我，这种支持对我而言不可或缺。

当时，德国侵略者还驻扎在法国北部，并决定向南部扩张，直至法国与西班牙的边境。德国士兵占领了我们在莫莱翁利沙尔上的男子小学。那时候二战正打得如火如荼。尽管如此，小学里的课程还是照常上着，不过只剩下几个班级了。

在一个天气晴朗的上午，父亲让一部分学生留在教室里做练习，他则去了顶楼，那里有另外一部分学生正在上安装电力装置的劳动技能课。

就在这时，一个反应迅速的男孩跑了上去，上气不接下气地说：

“先生，先生，‘盖世太保’① 在教室等您！”

父亲毫不犹豫地从顶楼急匆匆地登上屋顶，翻越学校和教士住宅之间的围墙，与同为游击队发起人的神父一同钻入附近的山中，同游击队会合。让·拉萨尔是一位曾担任国民议会议员的传奇人物，他的父亲当时亦活跃在距小镇东部约 10 公里处的另一个抵抗组织中。

从那时起，许多难以磨灭的记忆便留存在我心中，并且塑造

① 盖世太保是德语“国家秘密警察”（Geheime Staats Polizei）的缩写 Gestapo 的音译，由党卫队控制。

了我的性格。那时母亲孤身一人照顾我们。母亲心里清楚父亲随时会面临危险，整天担惊受怕，夜里还会抽泣不止。曾有一两次，在深夜，父亲偷偷回来安慰母亲，而我和弟弟对此毫无察觉。

尽管母亲多次告诫我不要这样做，但我还是会花上好几个小时，坐在厨房窗户前的椅子上观察德国士兵。他们将重机枪放在学校的院子里，他们的大炮仿佛正对着我。

我看到院子里的囚犯屠杀牲畜，光着脚走在血泊里，为驻守的军队准备肉食。我还看到士兵不停地进行军事演习，其间时不时地向纳粹旗帜敬礼。德国军队强迫乌克兰的囚犯在泥沼中爬行。不过，士兵允许这些囚犯在晚上放声歌唱，而这时弟弟便会用他美妙的嗓音跟着一起唱。弟弟走在路上时也会高声唱："元帅，我们在这儿！"这首歌是学校的老师被迫教给我们唱的。我妈妈听着觉得很难过，因为这首歌赞颂的是当时的法国总理贝当元帅，而他选择了和德国侵略者合作……

一天深夜，我们的住所里突然间传来一阵令人恐惧的声音。德国人猛烈地敲着门，他们以前从来不会这样贸然行动。他们是来告诉我们有关父亲的消息的吗？

还好只是虚惊一场。原来是一个阿尔萨斯（法国东北部行政区名及旧省名，是法国本土面积最小的行政区域）"囚犯"为两名士兵指路，带着他们来到了这儿。他们只是想征用餐具，为一位高官出席的宴会做准备。不过我和弟弟都吓得大脑一片空白，只能紧紧抓住母亲的裙子。

突然有一天，院子空了，一个德国人都没有了！他们急匆匆地离开，去和法国西北部的德国士兵会合。父亲终于可以回到我们身边了。他虽然消瘦了不少，但看上去很精神。在这期间，他所在的游击队共抓住了 42 名德国战俘。我第一次见到了能够握在手里的武器。在庆祝莫莱翁利沙尔解放之时，我们欢欣鼓舞地参加游行，焚烧希特勒的雕像。但我们也看到了一些女人被一群奇怪而又激动的人当众强行剃头羞辱。父亲告诉我们，他可从来没有在游击队里见到过这群狂热的人。

我曾目睹父亲的战友扛着枪，到家里来喝咖啡。其中有一个大老粗，粗暴地将冲锋枪往饭厅的角落一扔，结果枪走火了，立刻响起了一阵扫射声，天花板都被射穿了。不过居然奇迹般地没有人员伤亡。我和弟弟丝毫没有意识到危险，反而觉得很激动，因为我们终于听到了战争的声音。

然后，到了“处理战利品”的时候了。人们细心地收集英国盟军空投时留下的降落伞布。这些伞布的用途很广泛，其中一种橙色的布料是由人造丝制成的，母亲心灵手巧，用它来做垫子、桌布、被子以及各种装饰品。她还给我和弟弟做了非常合身又蓬松的“兜兜裤”。我们穿着的时候很引人注目，还会因此引来其他人的嘲笑。不过这些都不重要了，现在终于雨过天晴了！

之后父母被派到了拉克城，那是一个坐落在波区和奥尔泰兹之间的小城镇，就在波河的岸边。母亲负责女子小学，父亲则负责男子小学。这个小镇只有 432 名居民，镇政府唯一的办公室就夹在两所学校中间。女校和男校的两处院子只用一堵厚墙隔开。镇上唯一的饮用水水源在楼外，那里有一个手摇水泵，可以用它来取用这种珍贵的液体。在将近 10 年的时间里，都是我负责用水桶装满水，然后再将水存放在家里。同时，我被任命为镇上公民身份登记的负责人，不过早在贝阿恩的时候我就已经在负责这事了。自 10 岁起，每周日晚上的篮球赛结束之后，如果母亲有事被调离开，我还是唯一负责在她教的班级里播放电影的人，那时父亲和邻镇的同事自发组建了一个巡回电影俱乐部。

也正是在那时，在父亲的影响下，我发现了运动的好处，运动奇迹般地让我摆脱了残疾。

父亲尽管是一名橄榄球训练员，却在比利牛斯－大西洋省和朗德省积极倡导篮球教育实践。虽然他认为橄榄球才是球类之王，但是很多小镇都凑不够一支橄榄球队最低要求的 15 人。而且他觉得让男孩现在就打橄榄球还为时过早，因为他们还不够灵巧，从打篮球开始慢慢过渡，更能培养他们的反应力和敏捷度。这一招真的奏效了！而且，当地用来举办“朗德省奶牛竞跑”的场地非常适合当篮球场。该场地不仅土壤厚实，可以吸收雨水，而且其中大部分区域都能被灯光覆盖。更巧妙的是，其阶梯座位还能容纳大量观众。

道路部门的专家帮忙铺好了场地上的沥青，法国电力公司的员工则安装好了照明设备。我在那里没日没夜地打篮球，篮球的弹跳声让母亲很不耐烦，她倒更希望我和弟弟休息或者做作业。

就这样我的身体发生了巨变。我长高了，长得比弟弟还高，而且之前脊髓灰质炎留下的后遗症几乎都消失了。在一次 60 米计时跑的比赛中，父亲发现我居然能追上跑得最快的小伙伴了。自此，我便只有一个目标：跑得比别人更快、更久！在以后的人生中，我一直遵循这条人生准则。

我很快便在当地的篮球圈成名了。我不仅身手异常敏捷，还懂得如何压制对方球队里最好的球员。我会一直贴身盯着他，几分钟后，他会被我弄得心烦意乱，甚至对方整个团队都可能变得晕头转向。用这种方式来击败比我们更强的球队多有趣啊，哪怕只是理论上也好！

我的绰号"虱子"正是这样得来的，因为这种小虫子一旦私底下抓住了什么，便永远不会松开。

后来我的父母升职到附近的奥尔泰兹工作，各种各样的头衔和奖励接踵而至。此时父亲担任当地男校的校长，管理很多班级。更棒的是，离学校几米的地方就是著名的拉穆泰篮球馆。后来奥尔泰兹俱乐部在法国一举夺冠，并在欧洲男子篮球锦标赛中取得了辉煌的战绩。之后，这个篮球馆便成了人们口中的法国篮球圣地。那时候我的大部分时间都是和朋友一起在篮球馆度过的。

这个篮球馆能建起来很不容易。市长乔治·穆泰是回力球发烧友。20 世纪 30 年代，他决定修建一个大型的体育场地，让市民能够不受天气干扰，尽情地玩回力球。体育场是由著名建筑大师古斯塔夫·埃菲尔的学生规划的，整个场地至少需要 80 米长，30 米高，还要能够容纳一个大型的回力球场。像奥尔泰兹这样的小镇，要怎样说明这笔钱值得花呢？于是市长便计划让体育馆变为每周二面向公众开放的室内市场，里面有丰富多样的水果、蔬菜和禽类。能集多种功能于一身的体育馆非常少见，正因如此，场馆最终顺利被批准修建。奥尔泰兹也因为这座体育馆而声名鹊起，被视作法国最热爱体育的几座城市之一。

对于当时的我来说，在面向大区所有省份的年轻篮球员选拔赛中脱颖而出，无疑比准备初中毕业考试和第一次中学毕业会考都重要得多。弟弟米歇尔的篮球同样打得很好，所以对他来说情况也一样。他是个非常较真儿的人，一旦认为裁判裁决不公正便会毫不犹豫地出面反对。在很荣幸地被父亲提拔为篮球队队长之后，我不得不一次次提醒弟弟要控制自己，有时会将他换下送回替补席。于是在回家路上，我也少不了和他“用拳头说理”。

后来，我在奥尔泰兹体育俱乐部里，自然而然地将对篮球的喜爱转移到了橄榄球上。

即便我平平无奇地通过了高中会考的数学基础科目，但我对自己的未来很坚定，我要成为一名体育教师。父母不知道我曾经暗自为巴黎高等体育师范学院的遴选考试做准备。我报名就直接通过了临近波尔多市的塔朗斯体育培训中心（CREPS）的遴选考试，而其他竞争对手都需要上一到两年的预备班。这样，我有幸成为国家最优秀的 50 名候选人中的一员，并且要在第二年 9 月初参加下一轮选拔。我真的太幸福了！那时我就已经笃定自己在结束光辉的球员生涯之后，40 岁出头便能当上法国橄榄球队的教练了。

然而，我还面临一个严峻的问题。我的父母尽管内心热爱教师和运动员这些职业，但是坚决不同意我的职业规划。那时参加选拔的惯例是要在 8 月底前准备好缝有自己名字的衣服，但母亲却拒绝帮我准备行装。父亲则一直对我唠叨，说 50 岁以后体育教练的身体损耗会很大，关节也会受损。他斩钉截铁地说，发展大脑当然比发展肌肉更为明智！

必须一提的是，在波尔多中学毕业会考口试过后，父亲便已经替我报名了高等工程师学院的入学遴选考试。

我最终被里昂的一所工程师学院——里昂国立应用科学学院录取了。这所学院是由加斯东·贝尔热和时任校长让·卡佩勒两位富有远见的人士借鉴美国大学校园模式规划建立的。我总是觉得我之所以能进入这所学校，更多是因为我在体育上的成就，而不是我的数学能力。当我发现同学们的科学能力都格外突出时，这种感觉就更强烈了！

尽管我放弃了体育教师这一内心向往的职业，但毕竟是让父母放心了，因此我很快就做出了选择。

出乎意料的是，当时学校还没有完全建好，所以我又多出了两个月的假期。就在那时我认识了玛泰并经常和她见面，不久后她便成为我的妻子。另外在体育方面，我所在的奥尔泰兹体育俱乐部的橄榄球俱乐部与里昂高校奥林匹克橄榄球俱乐部达成重大协议，允许来自比利牛斯－大西洋省的优秀球员转会，我自然也是其中一员。这些球员后来成了小酒馆的老板，球迷经常在这家小酒馆庆祝球赛的胜利。

坐着火车经过漫长的时间穿过中央高原之后，1957 年 11 月 11 日，我在里昂佩拉什车站下车。当时车站雾气弥漫，天寒地冻。看到这种天气，我心里一颤。然而当我接下来听到车站的广播之后，心里不禁又颤了一下。广播在播报："马克·拉叙斯先生，有人在车站接待室等您。"我难以相信当下发生的事情。谁会愿意来接我这么一个刚从比利牛斯－大西洋省来到里昂的"小农民"呢？

我在那里见到了里昂《进步报》的记者和陪同的摄影师，他们是来采访我的。里昂高校奥林匹克橄榄球俱乐部的最后一位新成员抵达的消息已经传开了！显然，此时我已经离拉克城和奥尔泰兹很远了。

现在要讲到"跳蚤"[①]了吗？我们马上开始讲了！

我将在里昂国立应用科学学院里度过人生中最精彩的十年。我在那里完成四年的大学学习之后，获得了物理工程专业的工程师学位。接着我在学校里继续担任助教及助理研究员，为以后攻读博士学位做准备。三年之后我获得了工程博士学位，此后又做了两年研究，获得了物理理学博士学位。这让我当教师的父母感到很满意，因为或许有一天我能成为一名大学教授，而不仅仅是一名体育教师。

而我弟弟则是先在波尔多的蒙田中学读了两年文科预备班，为冲刺精英学院做准备，然后在旦昂的马蒂尼埃中学继续学习。因此我们有机会在同一家橄榄球俱乐部里打球。他担任青年队的队长，位置是传锋，而我则是主力队的边卫或者外侧中卫。后来他在卡尚高等师范学院[②]上大学。

在这期间，我的两个儿子布鲁诺和吉勒也出生了。

---

① 芯片的法语 la puce 也有"跳蚤"的意思，与前文的"虱子"相对应。

② 巴黎萨克雷高等师范学院的前身，是当时法国享有盛誉、入学竞争激烈的名校。

此时，阿尔及利亚战争结束了。这场糟糕透顶的战争持续了28个月，动用了大量军事力量，征召的都是年龄和我差不多大的年轻人。然而，比赛中两次严重的头部创伤大大改变了我的人生轨迹，它不仅为我的橄榄球生涯画上了句号，我也因此一直得以获准缓期应召，直到27岁被彻底免除服役。

终于，我决定要换个环境，离开学界，到工业界去。我告诉了父亲这件事，他对此大失所望。为了方便我们一家人团聚，他在拉克城的工业区帮我找了份工作。自从人们在拉克发现了巨大的天然气矿藏之后，当地的发展非常迅速。我在那里任职期间，曾和许多行业内的高层人士会面。

我有幸发现了更多机会。我在新闻周刊《快报》的一篇简讯中得知一家美国电子公司要在图卢兹成立分公司。这件事还得到了当时的法国总统戴高乐和总理米歇尔·德勃雷的同意。他们在这之前一直都对美国在法国本土投资持反对态度。

这家美国公司——摩托罗拉正在招聘年轻的工程师，并承诺在亚利桑那州的菲尼克斯提供培训。我很幸运地被录用了，因为我的研究方向非常贴合新型电子元件的制造技术，这种电子元件就是著名的半导体。

当时研究半导体技术的只有美国大学的一群研究人员。他们在加利福尼亚州的旧金山附近，潜心研究这项改变世界的技术。他们因发明了晶体管这种神奇的微型固体元件而获得了诺贝尔物理学奖。收音机在法国出现后常被误称为半导体，而实际上应该称它为半导体收音机或晶体管收音机。晶体管收音机里的微型晶体管取代了原先笨重、脆弱、耗能巨大且价格昂贵的电子管（当时被称为整流管），性能也因此而变得更加强大了。

1967年7月14日，我抵达了亚利桑那州的菲尼克斯。那天很热，放在阴凉处的温度计都能达到40摄氏度以上。我到那儿以后连一个英文单词也不会说。在最初的几个星期，是西班牙语拯救了我，因为当地通用西班牙语，而我也只能靠墨西哥菜填饱肚子！

在摩托罗拉公司，我的工作是什么呢?

就像我在里昂国立应用科学学院所写的博士论文那样，我需要将特定的外来原子迁移到一块非金属的晶体网络里，而这块非金属是因其电子性能而被精心挑选出来的。这里所说的非金属正是著名的硅，它是自然界中最常见的一种元素，我们在沙子中就能够找到。沙子由硅石组成，硅石也就是氧化硅。然而，硅的提炼不仅流程特别复杂，而且还需要昂贵的设备和极度纯净的环境（如无尘实验室）。

我也因此进入了“硅芯片”的世界，这项技术原本只有美国人才能够掌握。我们进入的是一个“无限小”的世界，因为我们正在学习如何控制物质的原子和电子，以及如何直接与它们“对话”。

英文将芯片称作chip，因为其中掺杂外来原子的“硅碎片”尺寸极其微小，甚至比大头针的针头还要小。掺杂“硅碎片”的目的是让芯片变得极小以降低成本。

后来在法国，这种小东西就被称作“跳蚤”（la puce）。

起初，在我去摩托罗拉公司时，这项技术仍处于开发的最后阶段。然而，第一批“集成电路”已经发展到了尽头，这批电路里的每个芯片内部都只有几个晶体管。在接下来的几年里，技术逐渐发展了起来：每个芯片内部先是有数十个工作组件，而后是数百个、数千个，直到数千万个。只有放入如此多的工作组件，我们才得以制造出那些知名的微型处理器及存储器。它们现在就在我们每个人的口袋里，在我们的智能手机里。今天的智能手机，比以前实现载人登月的电脑的性能还要强大，然而能耗与造价却不足后者的百万分之一。

故事仍在继续！我想与你们分享的正是这段非凡的经历，因为我有幸亲历其中并见证了它每一步的发展历程。在 40 年的职业生涯中，我这只“虱子”最终运用自己的才能，制作、掌握了高性能的“跳蚤”，并将其销往了世界各地。

我和我的朋友古文俊将向你们讲述这个激动人心的故事。文俊是我在法国创建金普斯公司时非常重要的合作伙伴，他为金普斯的亚洲业务，特别是金普斯在中国的发展做出了重要贡献。他倾注了大量心血，与我合著了本书，我才得以揭示一切尘封的秘密以及这段充满着奇遇和出色成就的经历。但这段经历还伴随着真真切切的悲剧。有些人在国际上深谙经济战之道，在他们发动的攻势面前，我终究发现自己毫无还手之力。

马克 · 拉叙斯

# 前　言

## 一段让芯片卡成为 21 世纪标志的惊人历程

如今，世界各国正进行着一场无情的战争，以确保自己在经济和政治领域得以凌驾于世界其他国家之上。而美国不断施以恫吓、设下圈套，用种种诡计阻碍法国工业的繁荣，特别是在高科技领域的产业。

事实上，在唐纳德·特朗普的高压下，很多法国的大公司，比如空客、道达尔和标致雪铁龙都被迫离开某些国家（如伊朗），尽管这些公司在那里有大量的投资。这样的例子还有很多，比如在法国阿尔斯通公司被美国通用电气公司“肢解”一事中，美国政府便是幕后主使。[①]

美国对中国公司的攻击更是数不胜数：华为、字节跳动、

① 出自弗雷德里克·皮耶鲁齐．美国陷阱．北京：中信出版社，2019.

中兴……

难以相信美国会做出这些事？然而，大约在20年前，美国针对发明芯片卡的公司的第一波攻击便已经开始了。这家公司便是位于法国南部城市热姆诺的金普斯。马克·拉叙斯在那里发明了芯片卡，并大获成功。在他的推动下，金普斯成为这一行业无可争议的全球领导者。在不到10年的时间里，拉叙斯就将金普斯变成了世界一流的公司，早在我们目前经历的数字经济腾飞时代之前，金普斯就已经打破了各项增长纪录。如果将拉叙斯和著名的脸书创始人马克·扎克伯格相比，前者用了更少的时间便达到了20亿活跃用户的目标，并在全球创造了超过1万个就业岗位。

正因如此，这家公司很快便被美国情报部门盯上了。他们意识到，一旦掌控了这家世界上最大的SIM卡制造商，便能拥有前所未有的情报侦察能力。马克·拉叙斯识破了这一伎俩，却没有人愿意听他的解释。

马克·拉叙斯之所以选择现在发声，是因为所有关于金普斯事件的说辞与报道，都没有涉及他本人对事实的看法。而他，才是这场甚至可以被改编成电影的闹剧的主角。事实上，本书揭示的正是拉叙斯同世界上最有权势的人打交道的故事。他曾享有盛名，甚至登上过《华尔街日报》、《金融时报》以及法国的《挑战》周刊、《论坛报》和《回声报》等著名报刊的新闻头条。不过很不幸，这并没有让他幸免于难，美国不断逼他缴械投降，甚至对他施加经济和精神上的双重压力。

因此，通过本书我们能够更好地理解金普斯（现为金雅拓）

是如何在飞行中被斩断双翼，接着进入漫长的动荡期，经历接连不断的战略失误而最终进入重组计划的。奇怪的是，回顾历史可以发现，2019 年法国政府选择出面调和并继续注资泰雷兹集团（一家以设计、开发和生产航空、国防和信息技术服务产品著称的专业电子高科技公司），却对金普斯和拉叙斯放任不管。

马克·拉叙斯是一个与众不同的人物。正是因为他富有远见，执着于将芯片做小，将生产线扩大，才能最终把价格一降再降，使芯片进入了每位用户的口袋，而他完全能够引以为豪。

他的经历突出说明了重大经济议题必然会牵扯到冷酷无情的政治斗争。“金普斯事件”称得上是其中的典型案例，它揭示了当时运行机制的内幕，读者在知悉之后会感到震惊和难以置信。

马克·拉叙斯永不安于现状，如今他又投身于社会的另一场重大变革。他非常希望用行动改变现状，因此现在他同相关领域的许多专家一道，期望能在饮用水获取技术方面实现彻底的和可持续的变革，即建造仅靠风能和太阳能便能自主运作，提供饮用水的小型海水处理站。

古文俊

01

第一章

# 新的时代开始了

# 从摩托罗拉到马特拉

20 世纪 80 年代初期，我来到了苏格兰的东基尔布赖德，这是一个新兴的小镇，是格拉斯哥的卫星城。摩托罗拉集团最先进的芯片卡和内存条工厂就坐落于这个小城。这家工厂使摩托罗拉掌握了最先进的半导体技术。之所以选择这里是因为苏格兰议会为吸引高科技投资者的投资，而提供了许多便利条件。

我 28 岁通过博士论文答辩后进入摩托罗拉公司，开始了自己的职业生涯。到苏格兰时，我已工作了 15 年。我在摩托罗拉为法国客户布尔公司开发了著名的硅芯片之后，该微芯片被应用到了银行卡和电话卡正面的金色小方片中。我的团队正在努力研发芯片卡，以实现这一技术上的决定性突破。

然而，实现技术突破的过程十分缓慢。集成电路很快就会取代离散电路。这是实现微型化的第一步——将成千上万个互连组件集成到一枚芯片上，这促成了具备电脑功能的微芯片的诞生。

这枚芯片集合了执行指令和处理程序数据所需的所有零件，成千上万个零件最后集成于一枚芯片，这枚芯片的大小仅相当于小拇指指甲的大小。一枚芯片能集成的晶体管数量越来越多，后来我们能够将数十万个晶体管，甚至数百万个晶体管集成在一枚硅芯片中。与晶体管相比，硅芯片的成本将大幅下降，本来所需要的晶体管的价格等同于一辆法拉利，但因为微芯片的发明，这一价格仅在 10 年内就降至惊人的 2.5 欧元！因此这是微电子领域基于著名的摩尔定律①的一场真正的革命。

布尔公司提出的对芯片的要求给我们团队带来了巨大的挑战，他们希望可以将此电子组件（微芯片）安装到像银行卡这么薄的物体内。英特尔、德州仪器和日本电气等摩托罗拉的主要竞争对手都退出了芯片研发。连摩托罗拉美国分公司都不相信可以研发成功！但摩托罗拉巴黎公司杰出的工程师让·布夫莱却对此非常有信心。他说服我去找由米歇尔·乌贡领导的布尔公司技术部商谈合作事宜。正如我们所料，困难接踵而至，但布尔公司技术部的决心非常坚定。虽然我的上司也反对我接手这个任务，但是合同金额里的那一串“0”使我们获得了财务自由，我们可以灵活地推进芯片研发工作，尤其是我们不必因失败而做出任何赔偿。

有趣的是，正是摩托罗拉欧洲公司和摩托罗拉美国公司之间的内部竞争促成了芯片的研发。事实上，由我领导的团队完成了

① 集成电路上可以容纳的晶体管数目在大约每经过 18 个月便会增加一倍。

将微芯片压缩至和银行卡一样薄的任务，我的朋友阿图罗·克吕格领导的设计小组在日内瓦也推进了一系列的相关工作，他们的工作在芯片研发中起到了决定性作用。阿图罗抓住机会领先于美国的同事设计出了一台配备了尖端技术的微型计算机。在此之前，他被局限在设计旧式集成电路的工作中，这个项目给了他机会，让他得以进行一些具有创新性的工作。苏格兰研发团队在比手术室还先进的无尘实验室里，利用最尖端的设备研发出了符合要求的芯片。最后，我也幸运地得到了总裁鲁毅智的帮助，他是一位杰出的墨西哥裔美国工程师。鲁毅智后来成为美国超威半导体公司（AMD）的首席执行官，带领公司继续与英特尔公司竞争。现在超威半导体公司一年就有几十亿美元的销售额。

技术人员的工作热情、工作能力和工作积极性极大地推进了研发工作的顺利进行。但是，这个过程只能稳步推进，无法一蹴而就。因此，布尔公司非常希望能向其潜在客户提供芯片研发过程中的过渡版本，以保持客户对产品的兴趣。事实上，设计一款微芯片的过程非常复杂，大约需要 18 个月的时间进行研发，此外，团队大都是在未知的领域进行开拓性研究，研究难度极大。

在布尔自研芯片最终达到公司预期功能之前，公司要求我们将竞争对手生产的两款芯片——当时的龙头莫斯特克公司开发的微计算机 3870 系列，以及英特尔公司最早发明的只读存储器 2716 系列——拼合起来，以此作为我们的样品。当然，公司的这种做法，决不能暴露于光天化日之下！

不久，摩托罗拉公司的研究员，图卢兹人阿德里安·茹韦和米歇尔·德·斯密尔诺夫就研发出了第一个能够将这两枚芯片装在一起的外壳。他们设法把芯片的厚度降低到 1.15 毫米，从而使芯片能被嵌入银行卡内。一切都在朝着好的方向发展……

布尔公司因而能够开始进行芯片测试并开始向银行机构，特别是美国运通公司展示芯片样品。

从我的经验来看，芯片最初的安全性是不够的，因为黑客可能会从连接在一起的两枚芯片的金属条中截获关键信息。因此，芯片内必须有类似保险箱架构的单回路设计以保证芯片的安全。

此外，另一个难以解决的问题是芯片在电学上的抵抗特性，这些芯片采用了新的互补式金属氧化物半导体（CMOS）技术设计，而问题就在于芯片被塞入尼龙衬衫的口袋或掉在地毯上可能会产生静电。芯片不能承受超过 500 伏的电压，不然会被击穿，而静电放出的电压可高达 1 万伏。这个放电量确实很低，但足以烧毁整枚芯片。我们大家都见过在干燥的冬夜脱掉衣服后火花噼噼啪啪炸开的场景，都曾有过因静电全身汗毛倒竖的经历。

日内瓦设计小组通过设计适应性的电流输入和输出来解决这一问题，从而使卡片上的微芯片能够“抵御”静电，同时将输入和输出电流的部件从 64 个减少到 8 个，并在芯片内构建了“保险箱”结构。在整个设计完成后，卡片就很薄了，受卡片厚度所限,我们设计的芯片薄至 0.76 毫米。我们都知道微芯片极其脆弱，硅芯片比相同厚度的玻璃更加脆弱，但是竟然可以做得这么薄，这实在是个奇迹。

在布尔公司的一次工作会议上，第一款芯片卡的思路问世了。参加会议的人看到我在黑板上画了一个圆盘状的芯片，在卡片发生变形的过程中，芯片受到的力可以被均匀分布，从而不至于损坏芯片。当时的芯片抗压测试之一就是把卡片塞进裤子后面的口袋里，然后坐在上面。后来，随着技术的进步和材料强度的提高，芯片才从圆形变成了方形。

多亏了布尔公司和摩托罗拉欧洲公司，芯片卡才得以于1980年问世！

奇怪的是，法国金融界要等几年才能采用微芯片技术，主要原因是美国的强烈反对。这是因为美国这个国家患有“非本国发明综合征”。诚然，这并不是“美国佬”的发明，美国对外来的东西都很挑剔，对法国的技术尤为挑剔。他们只对法国的香水、葡萄酒和美食感兴趣，而对法国提供的技术不屑一顾。

幸运的是，欧洲的电信运营商开始进行了尝试，他们试图用微芯片取代硬币在电话亭进行付费。他们了解微芯片的价值，微芯片可以降低回收硬币的高昂成本，同时可以避免人们对电话亭的故意破坏行为。法国电信决策者的远见卓识值得称赞，他们以同样的方式推动了著名的视频文字终端即互联网前身的出现。在莱茵河的另一边，德国电信公司也很快开始推广微芯片的应用！

随后，配备 SIM 卡的手机也采用了同样的 GSM（全球移动通信系统）标准，这个标准的采用为金普斯带来了巨额财富！

法国的 CANAL+ 电视台和英国的天空电视台也先于银行成为微芯片的首批用户，他们在解码器上安装微芯片或“访问密钥”，帮助他们传送和播放世界上第一批加密和付费的数字电视频道的节目。

那些年我在苏格兰的工作非常令人兴奋。然而，我并不喜欢那里的生活方式。那里寒冷潮湿的气候与法国南部截然相反，我与家人也相隔甚远。此外，我的工资水平也没有什么提升，我觉得这与我实际取得的成果不匹配。我已经为摩托罗拉公司忠诚地工作了超过 14 个年头，正是在这种情况下，我在一个晴朗的早晨接到了一个猎头的电话。他告诉我，他正在为客户寻找像我这样的人。这是一份由一家法国大公司提供的极好的工作，我的工作技能也与之匹配。我将在这家法国公司和美国合作伙伴新开的合资公司里担任经理一职。

我确实很感兴趣，虽然那时我还不知道具体要去哪家公司。后来我才得知这家法国公司是马特拉，而我恰好对这个公司的老板让 - 吕克 · 拉加代尔非常崇拜。这个既优雅又活力四射的男人做任何事情都能成功，就像他开着蓝色赛车在竞争激烈的 F1 世界里赢得胜利一样！

随后，我很快便去佛罗里达州与期待已久的美国合作伙伴见面。令我非常惊讶的是，他们已经在巴黎飞往纽约的超音速飞机“协和号”上为我预留了一个座位。只有少数人有机会乘坐这架飞机横渡大西洋。尽管我感到很兴奋，但我不太习惯如此奢华的出行条件，因此并不觉得舒服。让我感到开心的是，我发现美国女演员、导演雷吉娜 · 金同在乘客之列，而我同座的乘客也是一位名流。飞机起飞后，香槟酒刚被端上，邻座那人便拿出工厂的规划图摆在我面前，我发现这与我的专业领域密切相关。

这是巧合吗？事实上并不是！

坐我身边的是马特拉的销售总监托尼·德·格拉夫，他将陪同我访问美国哈里斯公司（美国通信公司，国防承包商和信息技术服务供应商）。他此行的目的是确保我是合适的人选，能够领导公司，指导项目的建设。他很快就认可了我，并再次试图邀请我加入他们。在三个半小时的飞行结束后，我们的合作就落地了，哈里斯的董事也非常迅速地发表了赞成意见，马特拉与哈里斯之间的合作正式启动。

哈里斯公司位于佛罗里达州的墨尔本，靠近卡纳维拉尔角的火箭发射场。这家公司为NASA（美国国家航空航天局）提供电信设备。与英特尔、德州仪器和摩托罗拉等巨头相比，它是一家小型的半导体公司，却拥有超强的节能技术，是马特拉的理想选择。此外，法国政府还充分扶持这类合作。当时法国政府希望法国在尖端技术领域能够独立并获得霸主地位，因而动用了所有力量以确保国内公司形成必要的企业联盟。马特拉公司首席执行官让-吕克·拉加代尔努力使法国领导人坚信，就战略装备的供应而言，垄断并不是最好的解决方案。更重要的是，他坚持认为法国还没有真正掌握这项新技术。

拉加代尔的论点在弗朗索瓦·密特朗对法国工业进行的大规模调整中进一步得到了证实。阿尔卡特成为法国电信领域的唯一领军公司，还并购了汤姆逊（法国最大的国家企业集团，位居全球第四的消费类电子生产商）旗下的一些公司。作为回报，汤姆逊将接管阿尔卡特的半导体业务和位于普罗旺斯地区艾克斯的欧洲技术公司。这家公司是为了加尔达纳附近的矿区改造而成立的，由圣戈班（法国生产、加工、销售高技术材料并提供相应服务的大型集团）与美国国家半导体公司合资建立，我在摩托罗拉的前同事格朗·克莱蒙是这家公司的经理。格朗非常努力，在亚利桑那州和图卢兹之间来回飞了 15 年。

圣戈班决定通过控制好利获得公司（Olivetti，意大利的电话通信及信息通信技术公司）的电脑业务，参与电子元件产品的整合，但这一富有远见的战略中途就停止了。事实上，汤姆逊的接管控制让欧洲科技领域的高层难以接受。

因此，马特拉－哈里斯半导体合资公司诞生后，将在南特建立一个使用互补式金属氧化物半导体技术的半导体制造厂。这里生产的半导体是目前市场上最先进的，能够大幅降低能耗，也是马特拉生产设备中的重要组件之一。事实上，这也是一个对航天和军事领域来说非常关键的发明。

政府给予的补贴推动了我们选择南特，我们则须承诺提供就业岗位。选择南特的原因很明显，不仅因为南特市长恰好正确站队，而且最重要的是马特拉是南特著名的“金丝雀”足球俱乐部的主要赞助商。拉加代尔对足球的狂热也不是什么秘密。

马特拉－哈里斯公司诞生后，就需要找到一个合作伙伴给我们提供芯片技术。我们选择的合作伙伴是业内第一的英特尔。考虑到马特拉与汤姆逊的敌对关系以及汤姆逊与摩托罗拉的合作关系，我们无法与摩托罗拉合作。

在墨尔本召开的一次马特拉－哈里斯董事会会议上，我第一次见到了拉加代尔，接着我们一起去了英特尔公司，在那里我们亲眼见到了英特尔的大老板，著名的戈登·摩尔。

我在墨尔本机场等待拉加代尔，已经是晚上 11 点了，迈阿密的转机航班严重延误。

下飞机后，拉加代尔非常饿，他希望尽快在酒店里吃晚饭。在开车的时候，我意识到这几乎不可能，因为这个位于佛罗里达州东海岸的小镇——墨尔本的酒店无法提供晚餐服务，当地为数不多的餐馆也已经关门。在萧条的大道两旁伫立着许多楼房。最后，麦当劳红金相间的霓虹灯让我摆脱了困境，我们走进了麦当劳，里面还有少数顾客。我们很快就吃上了汉堡包，喝着可口可乐，手上沾满了酱汁。忘了拉加代尔热衷的茶吧，我们现在可是在“山姆大叔”[①]的国度里！我们甚至在这里准备了第二天早上要在哈里斯董事会上讨论的内容。

哈里斯公司的高级管理人员和拉加代尔出席了董事会会议，会议进行得非常顺利。事实上，我们的商业计划书得到了董事会的充分认同，马特拉－哈里斯公司也信守了其所有承诺。

这个时候，我们宣布了第二天与英特尔公司见面并提议与他们合作开发微型计算机的计划。鉴于英特尔公司和哈里斯的规模差距巨大，这不免引起哈里斯代表们的担忧。

但如何才能控制这些法国人，尤其是像拉加代尔这样的人？

第二天黎明时分，我们坐上了从迈阿密飞往旧金山的航班。

---

① 美国的绰号和拟人化形象。

我借机补习了拉加代尔掌握的半导体技术和研发历史。我也告知了他英特尔在这个市场的领先地位。

英特尔公司在这个领域是无可争议的第一，其产品是我们研发必不可少的参照。1968 年 7 月 18 日，斯坦福大学的三位著名的物理化学教授创立了英特尔公司。斯坦福大学位于硅谷中心地带，这为其发展带来了巨大优势。三位创立者分别是鲍勃·诺伊斯、安迪·格鲁夫和戈登·摩尔。戈登·摩尔凭借以他的名字命名的著名定律而声名大噪，摩尔定律的内容是，每条相同尺寸的集成电路上可容纳的晶体管数量每 18 个月增加一倍，性能也会提升一倍，但价格不变。事实证明他的预测是正确的，计算机的性能将成倍提高，重量和体积将下降，价格也将大幅下降。一场真正的革命正在进行。电脑的发展不会有上限，一台电脑一开箱就已经过时了。然而，消费者会心甘情愿地接受这一点，愿意排长队来买最新的苹果产品。

品牌崇拜逐渐出现，用户将成为品牌的狂热崇拜者。乔布斯已经明白并充分利用了这一点。在摩托罗拉任职期间，我在访问苹果公司时曾与他见面，其间我曾试图向他推销一种用于封装极高密度微芯片的新技术——芯片倒装技术，但没有成功。

另外，我作为唯一的欧洲发言人参加了本·罗森 1978 年在休斯敦组织的专题讨论会。本·罗森是康柏公司的创始人之一，是改变计算机界 25 位最重要的人物之一。那天我和一个看起来只有 18 岁的“学生”同台。我好奇地看了看展板上他的名字——比尔·盖茨！他之所以被邀请到这里来，是因为他将微软开发的软件套装卖给了 IBM（国际商业机器公司）。这个软件套装丝毫不亚于 MS-DOS，它是 Windows 的原型，是征服了计算机世界的软件套装。

地球有时候小得确实像是一个“村”，我们就这么见了面。

现在是时候和拉加代尔一起与英特尔公司的高层会面了。此时，英特尔正在成为向全球大部分计算机提供服务的巨头。值得注意的是，它正在与同样是布尔公司合作伙伴的日本电气公司争夺领导权，日本电气也在这一领域站稳了脚跟，但最终它还是会输给英特尔。我们已经与戈登·摩尔进行了第一次接触，并与他本人预约了见面。我和拉加代尔一大早就来到了英特尔公司总部的游客停车场，这个停车场内停放的都是美国品牌的汽车，我们最终找到了停车的地方。我们看到了一辆黑色大众高尔夫老款敞篷车，这辆车在这个停车场里显得格格不入，让人忍俊不禁。稍后我们会发现，这其实是戈登·摩尔的私人座驾。他邀请我们跟随他参观附近的开发中心。在停车场旁边的一个预留车位上，还停放着一辆贴着“月度最佳员工”海报的车，海报上印有这名员工的照片和身份信息以及其为公司做出的贡献。

我们走到大楼门口的警卫室，这时警卫请我们出示护照。他们认真地检查了我们的护照，这让拉加代尔有些意外。他已经习惯了一出现就受到隆重欢迎，门会为他打开，红毯会铺到他的脚下。他确实是法国商业巨头，但在这里，警卫说的安全并不是一句空话，法国离我们很远，我们需要用护照换取访客通行证，只有用通行证才能进入大门。

在登记簿上记录了我们的名字后，警卫打电话告知楼内员工访客的到来。一两分钟后，一个身材高挑的金发美国女人前来迎接我们，并邀请我们跟她上六楼。到了六楼，我们进入了一个巨大的“开放空间”，四周都是玻璃，并通过半高的隔板将每位员工的工位完全隔开。我们发现大厅中心还设立了与外围“办公室”分隔开的小会议室，用以进行秘密会谈。

当我们从电梯里出来时，那位陪同人员喊道：“戈登！戈登，你在哪里？”

就在那时，我们看到了一个人，他的照片经常出现在杂志上，他就是戈登·摩尔先生本人！

摩尔先生向我们致意，并请我们跟随他进入其中一间会议室。当他走进黑暗的小房间时，转动了定时开关使房间亮了起来。房间的中心是一张圆形桌子、五个座位、一部电话和一张小桌子，上面摆着一个咖啡壶、一个水壶、几个瓷杯、几个小塑料杯、几个小茶袋和一些糖。房间的门被关上了。我和戈登选择喝咖啡，而拉加代尔则坚持喝茶。

我们三个坐下来，相互做了介绍，并按惯例交换名片。接待我们的摩尔就是英特尔公司的首席执行官。他递给我们的名片上清楚地写着他的身份。我们开始按照之前通过邮件商定的议程进行交流，并开始确认未来合作的具体步骤。

就在这时，房门被打开了……一名体型粗壮的同事愤怒地闯了进来，不由分说就对我们大喊：“这是我的房间！”

看来可怜的摩尔走错了房间。这位同事很赶时间，因此她认为有必要让戈登·摩尔尽快腾出房间。摩尔非常尴尬地道歉，收拾好文件后我们离开了这个房间。他询问了他预定的房间究竟是哪个，然后将我们引向另一个房间——与第一个房间几乎完全一样。

屋内的会议计时器又开始运行了。我注意到我们额外多了几分钟并告诉了拉加代尔。他笑了，对他来说这是个好兆头。

这个插曲结束了，我们现在可以继续认真讨论了。我们确认了所有要点，英特尔和马特拉很快就能开始谈判，并最终建立马特拉－英特尔集成电路公司。我们要建立一个先进的电路联合“设计”中心，该中心计划建立在法国伊夫林省的圣康坦。该中心将由拥有法美双国籍的优秀人才让－克洛德·科尔内负责，他在英特尔工作了多年，目前是英特尔西雅图设计中心负责人。马特拉－英特尔集成电路公司的工作重点是为电信部门提供服务，特别是为阿尔卡特公司开发先进电子部件提供服务。我心中已经有了一个想法，那就是在这里设计出未来最复杂的微芯片运行所必需的电路，我一心希望能够生产出这样的微芯片。

一小时后，调换房间后开启的第二个计时器结束了。灯熄灭了，这意味着我们必须立刻离开会议室。在英特尔，会议时间不能超过一个小时。

其中一个人用法语说：“法国政党应该有一个类似的会议室！”

摩尔很开心地带领我们继续参观，并决定带我们游览附近的一栋建筑。我们拿回了护照，并跟着摩尔坐上了他驾驶的大众高尔夫老款敞篷车。硅谷总是阳光明媚的！

拉加代尔一下子就沉浸在了加州的“高科技”文化中，并发现了它必不可少的基本成分——硅！在我的职业生涯之初，即我在亚利桑那州的摩托罗拉公司工作的那几年，就对这种环境有所了解。在那期间，我亲眼看见了这种技术雏形的出现。

我很欣赏美国的思想自由和进取精神，并在好奇心的驱使下参加了许多活动。这些活动增长了我的见识，帮助我充分了解了最新的技术。使我与微芯片领域伟大的先驱们产生了交集。我有幸以路演者和欧洲代表的身份参加了在美国举行的许多专业会议。1967 年 7 月，我第一次乘坐环球航空公司的飞机前往摩托罗拉总部，那时我连一句英语都不会说！就像比利牛斯－大西洋省的许多巴斯克－贝阿恩先行者一样，我踏上了冒险之路。不得不说，当时的奥尔泰兹中学基本上只有西班牙语课。英国人与当地格格不入，当地人也觉得英国人很讨厌，因为英国人买下了这一地区的葡萄园，并毁坏了波城和比亚里茨的玉米地来建造高尔夫球场。最重要的是，英国人还在橄榄球比赛中击败了我们，这是绝不能容忍的！

然而也是从那个时候起，随着时间流逝，我也开始变得稍微安分守己了。年轻的时候我是极端左翼人士，但在我逗留美国期间，当戴高乐总统在蒙特利尔市政厅的阳台上喊出“自由的魁北克万岁”时，我成为一个“戴高乐主义者”。那时美国的“反法运动”十分猖獗，我认为有必要进行斗争。大多数报刊上印发了我不能容忍的漫画。我利用这段时间补习英语，以期在会议上宣传法国。我得到了法国大使馆和我的朋友亚利桑那州领事普罗斯尼埃的支持。普罗斯尼埃曾是一名战斗机飞行员，在亚利桑那州图森市进行飞行训练时和一个美国姑娘结了婚。当时他受雇于摩托罗拉菲尼克斯的工厂，负责与法国图卢兹基地联络。

当时，我在马特拉－哈里斯的新岗位上，3/4 的时间都在法国和美国的佛罗里达州之间来回奔波。我必须要为在 18 个月内就要正式投入生产的南特工厂的启动做准备。为此，我必须完善已有团队，引进这方面的专家和工程师以保证项目的顺利运行。遗憾的是，南特几乎没有什么技术部门，我很快就意识到在南特我找不到我所需要的技术资源。

事实上，当时法国的微电子研发主要集中在格勒诺布尔、图卢兹、尼斯附近的卢贝新城以及巴黎地区。所以怎样才能吸引人才到南特呢？足球运动员可以自由转会，但电子技术人员却很难拥有这样的自由，因此这几乎是不可能做到的事。

有一天早上，我收到了一封由 5 位法裔美国半导体工程师组成的小组写的信。他们正在为瑞士纳沙泰尔附近的尼古拉斯·海耶克的 MEM 小组从事手表制造工作。

20 世纪 80 年代前期，正是手表行业变革的时期，这个行业正在摒弃机械机芯并为手表配备电子机芯。这是由日本精工（著名的日本制表公司）发起的一股风潮。在制表业，为了避免经常更换电池，互补式金属氧化物半导体技术变得必不可少，因此公司要去硅谷招聘合适的人。在海耶克的推动下，斯沃琪品牌应运而生。

这几位工程师在信中说，他们知道马特拉－哈里斯项目，并对这个项目很感兴趣，希望以此为契机为他们的职业生涯注入新的活力。他们还在信中表示对瑞士人的态度感到厌倦，认为这种状态过于严格，不利于身心健康。我立刻约见了他们，在确认了组内最重要的两人在制造电子芯片方面的技术能力后，我提出要聘请他们。

这引起了轰动。拉加代尔约我见面，我被海耶克痛斥，他对这种挖走他员工的行为感到愤怒。他让我给他一个解释，我将在有关瑞士的一节中具体讲述这中间发生了什么。

马特拉－哈里斯公司继续按计划运行。各个团队的工作状态良好，工程师将前往佛罗里达州的哈里斯公司完成培训。高质量的硅芯片在南特工厂的无尘实验室源源不断地被生产出来。我们的工厂位于埃德尔河畔，感谢市政当局给予我们这么好的位置。皮埃尔·莫鲁瓦总理在拉加代尔的邀请下莅临了开幕式现场，他友好、随和的性格使我感到格外轻松。

我们要到一楼参加最后一项仪式，拉加代尔让我和莫鲁瓦总理一同乘坐电梯。莫鲁瓦真的很有气场，他在电梯里问了我一个问题。

“董事长先生，你们公司有多少人？”

我欣喜若狂，尝试着开了一个不恰当的玩笑：“总理先生，您真的想知道吗？”

“当然，既然问你了……”

我假装思考了一下，一边挠头一边讽刺地回答道：“好吧，总理先生，既然我们在法国，那就是 50% 左右吧！”我想要表明法国已经是由社会党领导的国家，每周工作时间短，35 小时工作制确实正在落实。

面对这种幽默，莫鲁瓦的嘶嘴很让人回味。当电梯到达一楼后我担心总理会向拉加代尔抱怨这种不合时宜的对答。幸运的是我担心的状况并没有发生，我们公司创造的就业岗位数量在礼仪性的演讲中做出了明确说明。

公司的销售工作也在逐步推进，但客户仍只限于法国和德国的少数公司，如博世或德律风根。我们与汤姆逊的竞争也很激烈，这种竞争严重阻碍了我们的市场扩张步伐。

我非常清楚地知道，开发新芯片的成本非常高，只有销往全球才能降低平均成本，这是规模经济的原则。这就是为什么我决定尝试另辟蹊径。在与哈里斯签订的合资合同中并未规定禁止马特拉－哈里斯的产品在美国销售，为什么不利用合同的这一漏洞呢？公司里谁能想到我们会这么做？

刚一做出这个决定，马特拉－哈里斯就在硅谷南部的洛斯阿图斯成立了销售办公室和一个小型的开发团队。哈里斯公司一直以来都是一家以美国东海岸为重点发展的企业，在加州甚至连办事处都没有，只有一个代表处。他们怎么能想到我们会这么做呢？拉加代尔看起来乐在其中，他欣赏这种勇敢的行为。

随后，马特拉－哈里斯的产量按计划增长，产品很快得到客户和法国行政部门的认可。最近，有两个优秀的成员也加入了我们，他们是我在摩托罗拉图卢兹团队的前同事桑松和维利埃。桑松负责财务和行政工作，维利埃则负责工厂的建设，处理与芯片组装有关的后勤工作。这一阶段也被称为“封装”，在进行最后的控制操作之前，根据用途将芯片装入塑料袋或陶瓷中进行封装。同时，马特拉－英特尔集成电路公司在巴黎地区初步成形。团队正在设计面向电信和国防部门的电路。但在当时，像这样结构复杂的电路的“设计”至少需要 18 个月才能完成。因此，南特的生产线需要等待一段时间才能将这些新产品生产出来，并只能向市场投放哈里斯的原始电路，即采用互补式金属氧化物半导体制成的存储器。

但我的打算，甚至可以说是我的执念，就是让马特拉－英特尔集成电路公司生产出一款类似于我在摩托罗拉为布尔公司开发的顶级芯片。在这种情况下，我们当然不能使用摩托罗拉的芯片架构，但显然可以使用与我们有合作协议的英特尔的架构。布尔公司之所以认可我，是因为英特尔的形象丝毫没有被诟病的风险，剩下要做的就是推出方案。多亏我在里昂国立应用科学学院的一位同学——达尼埃尔·佩尔蒂埃，他在达索公司（法国的一家飞机制造商）工作，他明白布尔公司必然需要一个替代方案，他很看好我们新方案的前景。就这样我得到了达索公司的支持。

但英特尔微计算机部门的负责人杰克·卡斯滕强烈反对这个方案。和许多美国人一样，他完全不相信芯片卡的未来。而且，非常不幸的是，他是马特拉－英特尔集成电路架构的负责人。我们专门组织他去拜访达索公司的高层，然后又组织他去拜访了布尔公司。但是这既未能影响他的信念，也没有改变他的观点。

我感觉像是一记重拳打在了我的胸口，让我非常狼狈。这个方案是我开拓新市场计划的一个重要组成部分，几乎不会遇到任何竞争对手，但是居然被质疑了！同时，自从我离开公司后，摩托罗拉就一直很警惕，只为布尔公司提供了很少的帮助，更何况金融市场也迟迟没有起色。美国运通、Visa（维萨）和万事达都没有取得重大进展。不过，我坚信与英特尔的密切合作将彻底改变美国的局势。只是，我现在需要开启新的征程，而我没有多余的替代方案。在马特拉的支持下，博世和德律风根等德国品牌正在深入了解我的方案，但要想获得可观的收入还需要时间。

我不能就此止步,于是我开始寻找新的替代方案。我开始对刚刚问世的新技术——带电可擦除可编程只读存储器（EEPROM）感兴趣。哈里斯已经对这个方案有所了解，但是随后并没有重视这个方案。这些新的结构应该能够取代可编程只读存储器（PROM），因为它们不仅是可编程的，而且还可以擦除。英特尔再一次表示对此没什么兴趣，甚至解雇了专门攻克这项技术的研发人员。这些人随后创建了一家新公司——XINTEL公司。为什么取这个名字？很简单，因为它的意思是“前英特尔”公司，它不是凭空出世的，很能代表硅谷精神。这或许启发了我，因为正是为了推动那个我心心念念，但我的雇主没有给予任何重视的项目，我才成立了作为“前汤姆逊－无线电报总公司”的金普斯公司。

我尝试着去接触“XINTEL”的创始人，并迅速意识到他们是多么的好高骛远和不成熟。其实，他们的技术太难掌握了，很难实际运用。当我意识到自己错了的时候，我不得不迅速回头。

我们必须明白，现在还为时过早！

反对该项目的声音来自各行各业。首先，布尔 CP8 团队的老板甚至不希望听到这项技术。他担心这会影响到系统安全，使系统更容易被黑客攻击。然而，时间会证明他错了。事实上，USB 闪存盘存储系统尚未过时。如今，所有的芯片结构都是基于 EEPROM，以后还会凭借以模块为单位的数据操作发展到“闪存”。这种技术的发展会与芯片的微缩化同时进行。20 世纪 60 年代初的 1 兆节的存储器需要一辆载重 15 吨的卡车来运输，而今天，容量比其大 1 000 倍的芯片重量不到 1 克。正如我们所看到的那样，芯片变得像小拇指的指甲一样小。当时生产这些存储器的 IBM 只有美国军方这一个客户。但因为存储器的价格太高了，他们就出租了这些大存储器。

另一个例子是著名的摩尔定律。

拉加代尔也开始对此产生了疑虑。当然，在项目开始时，没有人真正了解半导体研发到底需要多少资金。哈里斯公司也确实没有足够的财力继续支持这项研发工作。更重要的是，行业的周期性危机开始对市场产生重大影响。

马特拉应政府的要求正在努力改善法国钟表业的现状。马特拉高层认为，只有拉加代尔才能实现这一目标。于是，马特拉钟表在 1981 年接管了拥有众多手表品牌的赫马集团，但在经历了严重的挫折后，马特拉钟表也只是昙花一现。

马特拉对足球俱乐部的投资也很失败，比赛战绩令人失望。拉加代尔是否进入了低潮期？随着汽车和电信领域发生重大变化，马特拉也因其多样化的政策而被牵连其中。

最后，与阿歇特出版集团（法国第一大出版集团）合作的传媒部门，以及与法国国家航空宇航公司（即后来的空客）合并的航空部门，让拉加代尔看到了令他兴奋的前景。在与他的讨论中，我确信，马特拉－哈里斯这个“玩具”对马特拉来说已经没有任何意义了。最重要的是，预期的盈利目标永远无法实现。1981年弗朗索瓦·密特朗上台后，马特拉－哈里斯使马特拉集团免于被国有化，而达索公司的命运则完全不同。我们会在后面讨论这个问题。

我很清楚现在是时候翻开新的一页了，应该对一直都在拒绝考虑的两项建议进行仔细思考了。

其中一项建议来自我在摩托罗拉的老板阿尔·斯坦恩。他给我提供了一个机会，让我接任加州一家非常有前途的公司的总裁，该公司经营半导体电路的定制设计。这份工作对我而言挑战不是很大，但是也有不小的风险。很明显，接受这份工作就等于要在美国发展我的事业，这就意味着我必须拖家带口离开法国，而且可能要永远离开法国。我真的不喜欢这样。

至于另一项建议来自法国的一家招聘机构，在我看来可信度不高。他们给我推荐的公司在半导体领域颇为活跃，拟设的职位要求包括接管和重组几家工厂。

其实这家公司就是汤姆逊－无线电报总公司。我直接拜访了总裁阿兰·戈麦斯。刚从德州仪器离职的雅克·诺埃尔加盟了这家公司，如果我接受了这份工作，他将成为我的直接领导。

然而，对我而言最大的困难是说服拉加代尔，因为这似乎是一种背叛。拉加代尔作为一位卓越的球员表示能够理解，因为在足球圈里球员转会到对手球队也是司空见惯的。在马特拉的历史上，管理层离职的情况也不在少数。我在接受经济杂志《国际电子周刊》的采访时特意表达了我对拉加代尔的感激之情。该杂志在 2000 年 10 月 12 日刊登了一份对法国工业界 900 名电子业主管的调查报告，其中我的公司金普斯被列为首选，排在马特拉和惠普公司之前。借此机会，我提到马特拉是我年轻时一直梦想加入的公司，并向拉加代尔致敬。据我所知，他是唯一真正想了解工厂内部情况的法国老板。他有定期前往工厂的习惯，无论什么级别的员工，都可以直接见到他。

拉加代尔对我接受采访时说的话表示欣赏，给我写了几句感谢的话。

继与摩托罗拉公司在国防设备领域签订协议后，我很高兴能在汤姆逊公司重新开始研发微芯片架构，这些架构对我来说是极其宝贵的。这一次万事俱备，终于可以孵化出让我魂牵梦萦的微芯片项目了。

马特拉－哈里斯项目则被拍卖，先是被出售给德律风根，并改名为 TEMIC，后被并入西门子集团。改名后公司进行了重组，引发了裁员潮。

## 钟表业进入电子化阶段

20 世纪 80 年代，瑞士，比尔公司

拉加代尔办公室里的电话响了。电话的另一端，一个人大声冲他说："我刚刚得知马特拉的一些人擅自挖走了我的员工！更重要的是，他挖走了整个团队！我很生气，这让我无法接受。我需要他给我一个解释……"

说话的人是尼古拉斯·海耶克，他是一位黎巴嫩裔瑞士企业家，控制了瑞士制表业一半以上的份额。同期，日本开始将电子技术引入制表业，即将颠覆精密机械界。瑞士制表业因没有捕捉到日本等国制表业风向的变化而面临着严重困境。2010 年，这个宣称"我死后才会休息"的人在位于伯尔尼的办公室里突发心脏病死亡，享年 82 岁。他建立并统治着一个名副其实的帝国。他靠彩色塑料手表大获成功，他创立的手表品牌斯沃琪在全世界都非常受欢迎。

他的发怒显然与我直接招聘那五名工程师有关。

我立刻被拉加代尔召见了。他没有跟我寒暄，而是告诉我最好的办法是直接向海耶克解释。事实上，海耶克的公司是最早的制表集团之一，而马特拉也通过旗下的钟表部门进入了该领域。因此他很想避免与海耶克争吵，并与其保持良好的关系。

法国钟表制造商在 1981 年成立了钟表发展专业委员会，对钟表业最严重的危机做出了反应，对制表业进行了重组，签订了对该部门的专业人员、国家和大区都有效力的合同，目的是“同时实现生产工具和管理机构的现代化,鼓励建立连接零件制造商、钟表装配商和销售商利益的渠道”。于是，在国家的推动下，马特拉钟表收购了几家公司，成为法国钟表界的龙头企业，共生产了 400 万只手表。我的前老板艾蒂安・卡西尼奥尔领导集团时，尽管做出了充分的努力，但还是以失败告终，最终将资产出售给了巨头西门子。西门子依靠石英表成为最后的胜者。

正是在这种情况下，几天后，我前往瑞士伯尔尼与海耶克见面。我一进入他的办公室便发现海耶克坚定地拒绝被说服。我解释说，我只是在收到他的团队成员的申请信后回了信。我想缓和一下紧张的气氛，就告诉了他南特工厂和即将生产的新一代电子芯片的情况。我们之间的信任逐渐建立起来。海耶克的确渴望拥有任何能够让他的手表弥补技术“空白”的新技术。他是一个具有决断力的人，他坚信，要想前进就必须告别过去从头开始。对他来说，改变必须是彻底的，如果只是痛苦地给已经没有进一步发展可能的概念随意打些补丁，那是没有意义的。

海耶克也热情地向我介绍了他的项目。他每只手腕上都戴着三块斯沃琪手表，并在我惊讶的目光下，将其中一块摘下，猛地扔向墙壁。他让我查看手表是否有任何问题，是否还能正常运转。随着讨论的深入，我真的被这个男人吸引了，我感觉到我们的观点很契合。我特别欣赏他的实业家精神。我们在同一个领域打拼，对我们来说，一款产品能否成功取决于是否能够大批量生产，大批量生产可以降低成本，使产品更具竞争力。我们都明白营销和质量控制的重要性，这是取得商业成功的关键。

我本来是为招聘问题而来的，但现在这个问题似乎已经不是问题了。我们讨论的主题也变成了“为什么我们不能合作呢？”

海耶克向我介绍了他的情况。他的岳父是为瑞士联邦铁路提供制动卡钳的大型铸造厂的老板。他的事业最初是在岳父生病期间发展起来的，后来他成为著名汽车制造商梅赛德斯－奔驰的供应商。

他先在法国格勒诺布尔完成学业，并在 35 岁获得瑞士国籍，之后便在苏黎世成立了咨询公司——海耶克工程公司。该公司很快就声名鹊起，为许多著名的行政部门和公司提供了咨询服务，如苏黎世政府、瑞士军队、多家电视频道、苏黎世联邦理工大学、雀巢公司、日立、西门子、大众、雷诺和宝马。

正是在这种情况下，瑞士授权海耶克工程公司对国内面临重大困难的钟表业进行审计。调查结果是显而易见的，面对来自日本厂商的威胁，如果瑞士制表业再不提升创新能力以恢复销量，它们将直接衰落。要想恢复销量，必须要成功实现手表机芯从机械到电子的转型，从而大幅降低生产成本。

由此，我更加理解了海耶克为什么对我的到访抱有极大兴趣，我的到访确实为他提供了机遇。瑞士政府决定信任他，并委任他为该行业最大运营商的掌门人。海耶克审查了 Asuag 和 SSIH 制表集团的情况，建议它们合并重组。1986 年，他创立了瑞士微电子和钟表公司，并成为该公司的首席执行官。1998 年，该公司改名斯沃琪集团，这一著名的产品拯救了整个瑞士的制表业。

海耶克上任后，乐此不疲地去工厂进行实地考察。当他在集团的一家工厂与一位正忙于计算的工程师交谈时，他的注意力被丢弃在抽屉里的彩色塑料表壳所吸引。他试图了解更多的情况，研究人员告诉他，这一项目因为过于“劣质”而被再三淘汰。后面的事情大家都知道了，斯沃琪刚刚面世就取得了耀眼的成功。我们只能向海耶克致敬，因为他能够发掘产品的全部潜力。

斯沃琪的设计具有创新性，其核心是一个极度简化的架构，石英晶体以 30 000 脉冲 / 秒的速度跳动，晶体管连接到 CMOS 分频器集成电路，将这个频率获得时间的基本单位转换为秒。整个过程只由一个纽扣电池为手表提供能量。技术不是全部，一个精心设计的吸引客户眼球的营销方案也必不可少。海耶克采用了饥饿营销的方式，让斯沃琪成为收藏品。这是瑞士传统钟表业的一次真正革命！

我也正好对电子表感兴趣了一阵子。读者一定还记得我在摩托罗拉公司领导的改革，1968 年，我在参观研发实验室时，看到了石英组件、第一批 CMOS 电路和可以用于可视化功能的最新“液晶”技术。而用这些东西可以制造出世界上最精确和最便宜的电子表！我通过摩托罗拉集团总裁及创始人保罗·高尔文之子——鲍勃·高尔文访问图卢兹的机会和他对此项目进行了交谈。鲍勃答应我会考虑一下，并在公司内部进行评估。

两个月后，当鲍勃告诉我摩托罗拉不想开启这项业务时，我感到很失望。他们认为，手表的设计、制造和销售是表匠的工作，需要非常特殊的技术。我真的不明白他们为什么不抓住这么好的机会。我甚至怀疑我离开这样一家没有活力的公司是不是会更好……

然而，未来却证明了鲍勃·高尔文是对的。摩托罗拉的主要竞争对手德州仪器、英特尔和美国国家半导体公司都对此进行了尝试，并遭受了彻底的失败。技术不是万能的，这是非常具有启发性的一课，要记住！

尼古拉斯·海耶克听到这段故事，不禁莞尔。

他的高瞻远瞩得到了肯定，1996 年让 - 皮埃尔·拉法兰甚至找他谈话，任命他为法国智库的主席，研究国家未来的经济战略。CAC 40 指数（巴黎券商公会指数）委员会想邀请其成为他们的成员，海耶克坚决拒绝。对他来说，必须征召发明家而不是金融家成为委员会成员。因此，他提出了一份新的名单，召集了创新型中小企业的管理者，其中包括我。最后，海耶克还挖走了拉法兰的顾问克里斯托夫·贝尔托。

多年来海耶克一直和我保持着联系，我很自然地将我要创建芯片卡制造公司的项目告知他，希望他也能参与其中。然而，这却成为我们冲突的开始，我们就公司的名字起了争执。这个项目预计会放在我向汤姆逊公司临时借来的一家控股公司中运行一段时间。我向海耶克宣布了我最终为这个项目选定的名字——SMARCH。其中 S 代表超级，MARC 代表马克，H 代表首席财务官赫希，因为他为公司制订了一个能够吸引投资者的优秀商业计划。听了这个名字，海耶克非常生气，甚至威胁我们要打官司，因为这个名字和斯沃琪太相似了！其实，后面我们了解到，真正让他愤怒的原因是他还在研发中的 SMART 汽车。但海耶克在当时不可能提到 SMART，因为这个项目要保密，直到产品被推向市场，才能产生出色的宣传效果。这个主意很快就被我们忘在了脑后，更何况 SMARCH 这个名字并没有激起人们的热情。

1997 年，我们因金普斯收购奥地利的出入系统开发商 Skidata 公司再次见面。我是此次收购的唯一发起人，打算加强公司在非接触式支付方式领域的地位。我顺利说服了股东相信此次收购会为公司的发展带来助力，我们正在尽最大努力以获得成功。我的次子吉勒·拉叙斯将代表金普斯，和德国最强大工业集团之一的代表弗朗茨·哈尼尔建立联系，并随后被任命为首席执行官。现在他是弗朗茨海涅尔的首席执行官，这个集团主要涉及运输和分销领域，他还持有麦德龙公司的多数股份。

Skidata 公司专门负责对滑雪缆车、停车场等环境中通道和支付系统进行设计、开发、安装和维护。它是射频识别技术的先驱之一，这种“无线电标签”可以远程存储和检索数据。这家公司与海耶克的公司斯沃琪集团合作了两年，它将微型天线集成到斯沃琪的表盘上。斯沃琪 Access 从此诞生，200 万块使用该装置的手表就像高速公路电子收费系统一样，在瑞士、奥地利和意大利等几个冬季运动胜地的滑雪缆车上投入使用。吉勒也同时负责金普斯与它的商务联系。

海耶克对任何可以整合到手表中的新应用都感兴趣。他正在考虑在手表中增加电话、支付和个人识别功能。同时，他也对金普斯与法国电信的电话卡所取得的成果感兴趣。他非常欣赏产品的配色方案和金普斯实现个性化视觉的可能性。

不幸的是，当金普斯的美国股东德太投资集团控制金普斯后，便迅速出售了 Skidata。Skidata 现在已成为该领域的主要参与者，其业务范围远至中国。这是一个不可饶恕的错误。关于这一点我将在本书后面提到。

Skidata 是金普斯发展的真正动力，能够带来可观的利润。在 2016 年时，Skidata 拥有相当多的专利，年营业额约 4.8 亿欧元，与旧金山、拉斯维加斯等城市签订了自动化停车场管理合同。随着对网络安全解决方案领导公司 Milestone Systems 的收购完成，我们才了解公司的损失有多大。协同效应显而易见，金普斯很快就会发现自己陷入了严重的困境。不过，当时我也发出了许多警告，认为以亚历克斯·曼德尔为首的新管理层的明显战略错误会影响公司的未来。后面我将详细论述。

2005 年，当我来到中国深圳最漂亮的停车场之一时，我感到愤怒，因为我注意到它配备了 Skidata 的接入系统，伦敦希思罗机场的停车场也是如此。放弃了一个如此大的盈利市场真是罪过啊！当我看到如今几乎所有的支付卡都可以通过非接触式支付功能进行小额支付的时候，就更加愤怒了！金普斯与 Skidata 和斯沃琪的合作领先了 10 年!

我还会有其他机会与尼古拉斯·海耶克进行交流，特别是当我决定帮助我的一个拥有 146 项专利的发明家亲戚时。他曾在多次竞赛中获胜，并赢得了许多国际奖杯，然而，他却很难将自己的发明——名为 REVA 的新概念小汽车商业化。我建议他与海耶克联系，我们将在法国里维埃拉的昂蒂布与他见面，然而当时我们并不知道他已经在研发 SMART 汽车项目了。我们到达后，他的夫人非常礼貌地迎接了我们，并主动给我们倒水。而我们则在等待海耶克的网球比赛结束。当他回来时，海耶克非常骄傲地向我们宣布："这一次，我打败了他！"这个对手正是伟大的电影演员让－保罗·贝尔蒙多。

海耶克夫人亲自准备了晚餐，我的亲戚则在晚餐时介绍了他的发明。而后在喝咖啡时，有两个非常冷酷且似乎是顾问的人加入了我们。他们是具有日耳曼人严谨作风的瑞士人，身着深色西装，与穿短裤的海耶克形成了鲜明对比。他们一开始就用瑞士德语且以一种特别不愉快的方式称呼海耶克。

显然，他们强烈反对任何合作，REVA 项目停留在了设想阶段。

事实证明，REVA 被拒绝的大局已定，因为不久之后 SMART 项目就公布了。但这个项目超出了斯沃琪集团的能力，奔驰最终接手了该项目。

后来，我还试图说服海耶克部分外包手表的芯片生产业务，以便让我解决汤姆逊工厂的产能过剩问题，但我没有成功。海耶克希望保留对半导体芯片制造的控制权，从而保持公司的技术独立。他没有错，他的立场不难理解，但我必须试一试，哪怕这意味着我的报价大幅降低。

我们还是会有一些讨论的机会，特别是当海耶克希望将GSM手机功能整合到手表中的时候，他努力想与金普斯达成协议。但我必须劝阻他，因为如果整合了这些功能，手表的体积将变得很大，即使我们可以把一些功能移到手表的外围。这个设想超越了时代20多年！

后来我们的联系就不再那么频繁了，我们都在各忙各的，海耶克忙于SMART汽车和手表的生产和销售，而我则专注于金普斯的发展。海耶克于2010年去世，回顾他的人生，简言之他就是一个真正的行业领袖和营销高手。

## 微芯片的诞生：生活中一件必不可少的物品

1974 年 3 月 25 日，法国国家工业产权研究所

20 世纪 70 年代，罗兰·莫雷诺在《化学现状》半月刊担任编辑秘书，他也做过法国《快报》周刊的杂务人员，后来成为《侦探》周刊的记者，他在报刊业工作了多年。

这个男人对有关电子的一切都充满了好奇和热情。他活力无限，经常巧妙地使用文字。他认识总理夫人，经常和演员蒂埃里·勒米特在一起，并在鸡尾酒会跟时任财政部长及未来的国际货币基金组织总裁多米尼克·斯特劳斯·卡恩打招呼。他被人忽视的“左翼书呆子”的一面在他的人生中发挥了重要作用，他为自己打造了这种离经叛道的风格，这为他打开了一扇大门。他知道如何投机取巧。

他精心打理自己的外貌，留着毛茸茸的头发，穿着好看的衣服，脚上穿着一双人字拖，鼻梁上架着一副小圆眼镜。他甚至在

2006 年接受《法兰西晚报》的采访时称自己是南布斯教授[①]。

此外，记者的身份也是他进入高科技公司实验室的一把宝贵的钥匙。在那里，他乐于见到那些身上有许多秘密的工程师，了解他们的研究状况。的确，工程师喜欢展示自己，展示自己的创新能力和击败竞争对手的能力。

罗兰·莫雷诺不会让自己在交谈中损失哪怕一丁点儿利益，他一会儿表现出滑稽的一面，一会儿表现出阿谀奉承的一面。他知道如何变得自信。人们在交谈中，总是会透露一些重要的信息，他要做的就是收集信息。

法国信息技术巨头布尔是他喜欢参观的公司之一。米歇尔·乌贡正在研究一种新的产品，即一种装有电子芯片的卡。这张卡能够存储信息，并通过与外部设备的接触进行“对话”。当时，其他几位研究人员，如法国国家电信研究中心的达尼埃尔、德国的尤尔根·德斯洛夫和日本的有村国孝也都在探索存储卡。罗兰·莫雷诺之后将在慕尼黑的爱德华·莱茵基金会的技术奖项颁奖典礼上，以提名人的身份再次见到他们。我们之后再谈这个问题。

罗兰·莫雷诺致力于研究他的各种爱好：比如音乐，他喜欢的音乐人很广泛，从甲壳虫乐队到巴赫；还有电影，他喜欢弗朗索瓦·特吕弗和他的《日以继夜》，后来喜欢斯坦利·库布里克和他的《2001 太空漫游》；还有读书，他很喜欢看连环画，戈特

① 法国漫画家安德烈·戴创作的漫画人物，被用来指行为古怪、头脑不清的科学家。

利布是他最喜欢的作家之一，他还喜欢文学作品，尤其是莫里哀和帕尼奥尔的作品。正是这种广泛的兴趣爱好，可能会让人认为他读过勒内·巴雅韦尔于1968年出版的小说《漫漫长夜》，并启发了他后来支持便携式电子数据载体的研究。事实上，他首先想到的容纳芯片外壳的形状是环形，将芯片嵌入其中。在圆环的顶部，有四个连接器，可以插入接收设备，建立连接进行数据交换。这与小说中的描述相似。

他还声称只要酒的价格不超过50欧元，他就是酒类爱好者。此外，罗兰·莫雷诺科技（RMT）的名字也正是从伍迪·艾伦的喜剧《傻瓜入狱记》（TMR）中受到启发，并将字母倒置得到的。

1974年3月25日清晨，从布尔公司获得的灵感、读过的科幻小说和这部喜剧促使他来到法国国家工业产权局注册了这项让他名声大噪的专利。他得到了在凯斯勒律师事务所工作的该领域专家让·穆兰的协助。穆兰智商很高，特别喜欢下棋，有着能在国际象棋中“预知8步棋”的美誉。穆兰的聪慧对于莫雷诺日后提出专利的补充权利极为重要。因此莫雷诺非常感激他，在创建专门管理专利权的公司——Innovatron后便委托他担任总经理。让·穆兰也将成为一个关键人物，因为当该行业的巨头飞利浦、布尔、斯伦贝谢（全球最大的油田技术服务公司）和西门子试图使它们认为不正当的专利作废时，他会坚决与这些巨头对抗。

1995年，莫雷诺作为芯片卡“发明者”的地位被明确，他的名字被列入了拉鲁斯和利特雷法语辞典，但他的自尊心从未得到满足，他向《法兰西晚报》宣称：“虽然辞典中已经提到了我，但是我想进入格雷万蜡像馆，这才是最大的荣耀。”人性的复杂就这样在光天化日之下显露出来，他虚伪的谦卑面具被揭下，自恋的一面展示了出来。

一旦申请了专利，剩下要做的就是推广使用，这是获取专利费的必经之路。然而，不要搞错了，在“无私的左派人道主义者”的伪装下，莫雷诺实则是个唯利是图的人。他从来都是用创造财富的能力来证明他的天赋。对他来说，一项发明的价值只在于它的盈利能力。事实上，芯片卡这项专利将为 Innovatron 带来不少于 1.5 亿法郎的专利费。直到 1998 年，这项专利才成为公众都可使用的产品。

莫雷诺认为芯片卡一定要在银行领域投入使用，他运用精湛的人际关系技巧尽可能地去说服他人。这将是一个充满困难的过程，因为银行还没有为芯片技术的发展和使用做好准备，尚不明白其中的利害关系。要让银行业的所有参与者使用统一的系统，并为其配备网络交易设备非常困难，更不必说配备系统所需的巨额经济投入。这个任务非常艰巨，与之相关的开发者因处于不利地位也对此多有不满。用磁条卡支付是 Visa、万事达、美国运通等美国运营商的特权，他们竭尽全力把持着制定磁条卡标准的特权。要说服这些企业巨头非常困难，我们知道，美国一直注重在发明领域保持其霸主地位，不接受别的国家在发明创造方面实现突破。

由于固执，莫雷诺拒绝在其他方面推动芯片卡的使用。然而我还有另一个愿景，那就是将芯片卡用于电话卡，这完全符合法国电信的需求。将芯片卡植入电话卡也成为金普斯的主要工作。我们的商业报价很快就说服了法国电信，不久，法国所有的电话亭都使用了这种新的支付方式。锦上添花的是，芯片卡是投放广告的理想媒介，这将为运营商带来比电话费收入更为可观的利润。

事实上，Innovatron 在 15 年内获利的 1.5 亿法郎主要来自将芯片卡应用于电话卡，但莫雷诺却强烈反对将芯片卡投入电信业。我们回想起他两次来到位于热姆诺的金普斯公司总部参加董事会的情景。他的两个女儿陪着他乘坐直升机到达热姆诺，他永远穿着人字拖，且总是一副教训者的样子，无缘无故地在大会上指责公司管理者在电信领域，特别是在 SIM 卡方面的战略选择。对他来说，芯片卡除了应用于银行业之外没有任何前途，他也一直坚持要停产电话卡并中止所有相关融资。这真是判断失误！正是电话卡和随后出现的 SIM 卡的全球推广才促成了公司最初的迅速发展。

在银行业方面，直到 1986 年，即申请专利 12 年后，芯片卡的使用标准才被通过，法国也才创立了银行卡组织。

我和罗兰·莫雷诺之间的关系也经历了很多波折。我还在汤姆逊公司工作时，就已经对他的创新能力和“天才发明家”的美誉十分感兴趣。我去他在巴黎的办公室拜访时就被他逗笑了。他光着脚走来走去，毫不吝啬于开粗俗的玩笑，他的办公桌上摆满了各种各样的物件，身边还围着穿着清凉的女助理。他也是附近餐馆的常客，在那里他有自己的就餐和支付通道，不需要去前台点餐和结账。

但是，很快我们之间就产生了矛盾，甚至是对抗。第一次冲突出现得很快。那时，我正在汤姆逊公司做电话卡项目。我们知道，汤姆逊公司会放弃电话卡项目的主导权，这一举动将最终导致金普斯公司的成立。于是，我萌生了与布尔公司合资建立芯片卡制造厂的想法。事实上，汤姆逊公司在半导体芯片、微封装技术和大规模物流方面的表现非常卓越，而我们的客户布尔公司则在信息技术安全和银行系统功能方面颇有建树。这次的合作似乎很有前景，于是我约见了布尔公司的首席执行官弗朗西斯·洛伦茨先生，随行的还有汤姆逊的首席执行官雅克·诺埃尔和市场总监卡洛·扎尼。然而，洛伦茨对我们的态度让我们感到非常惊讶！他们很快给我们看了一份报刊上关于罗兰·莫雷诺不友善言论的文章。莫雷诺以所谓的政治原因做掩护，谴责汤姆逊公司利用诡计将布尔公司从芯片卡市场上赶走。莫雷诺作为一个真正的马基雅维利主义者①已经达到了他的目的。他曾因爱管闲事的性格和不当专利申请而被布尔公司排斥，也正是这个原因，莫雷诺才痛恨布尔公司。

然而，正是因为他将这次并购扼杀在萌芽阶段，金普斯公司才得以创立。事实上，尽管首席执行官雅克·诺埃尔对这款产品抱有很大的热情，汤姆逊公司还是因为这个后知后觉的巨大错误

① 马基雅维利是意大利政治家和历史学家，以主张为达目的可以不择手段而广为人知，马基雅维利主义也因之成为权术和谋略的代名词。马基雅维利主义者即指为达目的的不择手段的人。

最终放弃了这款产品。因此，汤姆逊决定将金普斯的联合创始人让－皮埃尔 · 格洛东开发的微封装技术以及芯片卡全自动生产线的初步研究成果出售给我创办的公司。汤姆逊公司规定我们必须在 1987 年 3 月 31 日前筹集到开办企业所需的 3 000 万法郎，否则汤姆逊将取消合作并收回这些技术。我和罗兰 · 莫雷诺相识得更早。1986 年，他曾来到我所工作的汤姆逊公司在普罗旺斯的工厂参观。在那里，我们利用法国电信提供的资金开发了著名的芯片卡，后来这些芯片卡被应用在了法国电信的电话卡上。莫雷诺在他的伙伴让 · 穆兰的陪同下来工厂参观，他们实际上是来了解技术的研发进展，并想知道我们研发的产品能否超过他 1974 年申请的专利。他通过芯片卡在电话卡上的应用获得了巨额财富，而不是通过他当初设想的在银行业中的应用。

我们就是通过他的公司 Innovatron 找到他的，在这轮融资中，我们需要筹集 3 000 万法郎作为金普斯的初始资本。我成功地说服了我过去在汤姆逊共事的同事、原始股东与法国电信。除了法国电信对 1 500 万张电话卡进行了估值并入了股，法国巴黎银行的分支机构 Banexi、加利福尼亚州的 BBHQ 投资公司和汤姆逊风投公司也都成为金普斯的参股公司。

我和汤姆逊的股东在汤姆逊风险投资公司待了一阵子，并与阿兰 · 戈麦斯领导的管理团队保持着密切的联系。作为汤姆逊风险投资公司的首席执行官，戈麦斯与国家高层关系密切，如时任企业和经济发展部长阿兰 · 马德兰、国防部长弗朗索瓦 · 莱奥塔尔和工业部长热拉尔 · 隆盖。

有一天，我突然接到戈麦斯的指示，要求我去会见欧贝特科技公司的总裁——让－皮埃尔·萨瓦雷。我们在他位于巴黎香榭丽舍大街的办公室里见了面。让－皮埃尔·萨瓦雷手握昂贵的雪茄，欢迎我的到来。这是我们的第二次见面。事实上我们1968年在亚利桑那州的菲尼克斯就已经认识了，我们都参加了领事为法国人组织的聚会。当时让－皮埃尔·萨瓦雷在布尔公司工作，而我在摩托罗拉工作。

欧贝特是一家非常古老的公司，原本专门印刷邮票和日历。萨瓦雷在这家公司遇到困难的时候，在其前雇主法国巴黎银行的帮助下接管了这家公司。他还喜欢说自己是被开除的“破坏罢工的人”。事实证明，他有能力在一夜之间将他在掌管法国巴黎银行信息技术部期间研发的技术转移到一家专门的公司 Sodinforg，从而将罢工者造成的危害降到最低。

作为一个实业家，萨瓦雷凭着强大的商业意识，推动这家公司走向卓越。现在这家公司专门印刷信托文件、彩票、刮刮乐、邮票，还为非洲和拉丁美洲国家印刷钞票。公司当时的目标是进入电子支付领域，萨瓦雷已经预见了芯片卡的前景，特别是智能银行卡定将取代单一的磁条卡。他还自诩与当时的领导人关系非常密切。他和阿兰·马德兰一起打高尔夫，他被授予了荣誉军团勋章，他的工厂也设在当时皮埃尔·梅埃涅利的选区诺曼底的维特雷。他了解到，汤姆逊有能力研发半导体芯片并将芯片嵌入银行卡。他也了解我具备这个领域所需的能力，所以非常欢迎我的来访。

他称赞我是天才，也确实邀请了我加入他的公司。但我当时一门心思想创业，并决意要进入电话卡市场。我以要去美国为借口，告诉他我两周后回来便给他答复，因为我坚信两周内我一定能筹集到足够的资金。

当期限过去，萨瓦雷越来越坚持让我加入他的公司，而我却不能回去。对我而言，加入欧贝特公司完全不符合我和股东的商业计划。我们从法国电信与我们签订的 1 500 万张电话卡合同中感受到了强大的支持，我也深知电话行业对法国电信发展战略的重要性，因此，我尽了最大努力说服萨瓦雷放弃电信市场。我强调了欧贝特公司的文化，历史上这家公司是以金融交易而不是以电信为导向的。我坚持认为电话卡产生的附加值远低于对银行卡的未来预期。萨瓦雷作为一位娴熟的谈判者和实业家，回答说，为了开拓新的业务并显示自己有能力降低成本，电话卡的高销量在很大程度上启发了他。萨瓦雷不愧是一个经验丰富的实业家，他说，“在制造劳斯莱斯之前，要先学会如何制造只有两马力，但产量很大的普通汽车”。他反复推敲出一个与布尔公司现行战略完全相反的战略。这一点他确实是对的，确实应该先降低成本，再提高产品的质量。这时，他向我透露，他已经直接与热拉尔·隆盖谈下了一个电话卡合同。他会在隆盖的选区洛林建立一个支票簿印刷厂，并已经过商议得到了一个高得惊人的电话卡售价。

这时我才知道他是在“虚张声势”。我知道法国电信的采购能力，这绝对不可能是法国电信的第二笔订单……

我决定揭开一切，我告诉他我仍在坚持创建金普斯，都有哪些投资者支持金普斯以及我们与法国电信的交易。萨瓦雷很愤怒并开始启用他的政治背景：

“这到底是什么事！戈麦斯‘死’定了，我要让他知道我的厉害！”

“为我呼叫隆盖部长。”他向他的助手下令道。

我试图让他平静下来，便向他解释说：“我的总裁甚至没有被告知项目的任何细节，无论如何，这不是汤姆逊风险投资公司的责任。目前，这一轮谈判正在进行中，收购的资金将在5月1日前支付完毕。”

我犯了一个错误，向萨瓦雷透露了我的合伙人，其中包括巴黎银行的分支机构Banexi……萨瓦雷沉思，我们的面谈很快结束了。

莫雷诺在离3月31日这个至关重要的日子之前的几天给我打了个电话，告知我他与汤姆逊风险投资公司的合作结束了。

我非常震惊。

他说：“一切都毁了！你怎么还没反应过来？我还以为你是个思维敏捷的人呢！”

我一头雾水。

他接着说：“怎么会这样？你没听说吗？Banexi和汤姆逊迫于政治压力而选择了退出。这个项目已经完蛋了！”

然后莫雷诺在我惊愕到无语时还补充道：“啊，我明白了！的确，你还不了解情况，但我想我知道问题出在哪里。我已经和

Banexi 的人交涉过。汤姆逊风险投资公司的退出已经让这个项目变得不再值得信任。而且，随着 Banexi 的退出，你的项目名誉扫地，在金融界无法成功进行融资了。”

我试图打电话给我在汤姆逊风险投资公司的前同事克里斯蒂安·巴比耶以了解到底发生了什么，因为他不仅是投资人，也是金普斯公司首席战略官的候选人。但是他却告诉我他不该对此发表意见，并以去美国出差为借口避免与我联系。最后，他还嚣张地命令我不要在他陪伴家人时打扰他。比如这次通话，就是我在他出发前的周日晚饭时间打的。

我不需要了解更多了，来自萨瓦雷政治背景的威胁已经生效。他作为巴黎银行的前雇员迫使 Banexi 放弃了投资，同时戈麦斯因为职位还没有被新任的右派政府确认，而被各部长施加压力。

就在这时，莫雷诺建议我再试一次，他和法国支付终端公司银捷尼科的行政总裁让 – 雅克·普特雷很熟。莫雷诺说服我一起去见普特雷，并劝说他投资芯片卡项目。事实上我不得不在短时间内更换 Banexi 和汤姆逊风险投资公司这两个投资人。更重要的是，我难以理解为什么参与了如此之多项目的汤姆逊风险投资公司会选择退出，这对金普斯公司的成立造成了严重的破坏。那么，这背后到底隐藏了什么？

在银捷尼科公司开会的当天，我们非常兴奋。公司创始人普特雷在办公桌上敲打着键盘，刚进入巴黎证券交易所的服务器就发现他的公司市值刚刚超过了达索公司，而他的这家刚刚上市的年轻公司仅有几十名员工。这让他本人也感到非常震惊。

在他即将开香槟庆祝的办公室里，我和罗兰·莫雷诺一起阐释了我们的论点。普特雷热情高涨，他想获得多数股权。但出于保证对创始成员和第一批股东的公平，我拒绝了他的提议。我建议他的持股比例在15%左右，普特雷这位优秀的操盘手最后接受了我的建议。

金普斯项目活过来了！在这次成功融资的基础上，我又获得了另一家银行机构——里昂信贷银行的子公司Innolion的投资。最后，英国投资基金弗雷明风投也在激烈的谈判中被我说服，项目最终尘埃落定。BBHQ投资公司则以其智慧和对市场的理解，成为我们的基准投资者！

金普斯终于揭开帷幕了，股东基础相当平衡：法国银行、作为客户的法国电信、英国和美国的风投公司、拥有专利的莫雷诺以及五位创始人（让-皮埃尔·格洛东、菲利普·马埃斯、达尼埃尔·勒加尔、吉勒·利希马克和我）。

匆忙拼凑起来的第二轮融资比第一轮融资更成功，而就让各方下调入股比重的计谋而言，这轮融资甚至是十分必要的。强大的信心会很矛盾地使股东间的谈判变得相当困难，无论是与参与第二轮融资的股东谈判，还是与一开始就愿意投资的股东谈判。

萨瓦雷再一次也是最后一次尝试邀请我和我的团队加入他的公司。他向我描绘了蓝色海岸不动产投资的盈利前景，他还毫不犹豫地给我看了一些富饶的葡萄酒庄园和奢华别墅的照片，甚至带我去参观了其中的两栋别墅。

但这一切都不可信，也不可接受，我与欧贝特集团彻底决裂了。这件事给萨瓦雷及其同伙留下的“教训”是——他们本该晚两周再从中作梗。事实上，如果萨瓦雷他们有耐心晚一些时候再出手，金普斯的创始团队根本无法进行新一轮的融资。

最后在与汤姆逊签订协议的当天，技术的转让仍然出现了问题。汤姆逊坚信我和股东们是来投降的，因为我们一直承受着巨大的政治压力。然而电梯根本容不下我们这么多人。汤姆逊希望尽快回收其技术，并与新伙伴欧贝特进行谈判。因此，至少可以说，收购似乎受到了影响。

面对这种突发状况，汤姆逊的代表纷纷呼吁要求有一定的时间来思考。休会期间，公司首席法律顾问伊丽莎白·阿皮茨警告他们：“先生们，你们是否知道，如果不遵守合同条款，我们将损失惨重！”

就在这时，汤姆逊的管理人员要求我单独和他们一起谈论，并向我表示他们拒绝履行合同条款。我平静地回答：“如果你们坚持这种态度，我会向媒体谴责这种权力滥用。此外，我还要提醒大家，得罪我们的第一大客户和股东——法国电信可能造成的后果是，法国电信的管理人员同样会因为受到政治压力而对萨瓦雷的评价降低。”管理人员普遍认为这样的行为难以接受。

他们回到会议室后便签下了自己的名字。虽然这段灾难性的插曲对汤姆逊来说并不光彩，但戈麦斯还是保住了他在汤姆逊的职位！

我们终于可以高喊胜利了！我们的公司成立了，公司签订了所有的技术协议并获得了足够的融资。然而，一切都有待通过芯片卡技术、生产能力和销售能力来证明。

至于让－皮埃尔·萨瓦雷，他还是会经常和我见面，并告诉我他在我上幼儿园的时候就已经身居高位了。他说的没错，与他相比，我仍然是专业上的“矮子”。事实上，我在一个典型的法国政治环境中独自前进，没有经验，也没有任何支持。我不习惯这样的环境，因为我的职业生涯主要是在国外度过的。

关于莫雷诺，我们能说什么呢？金普斯的建立在很大程度上要归功于他，因为他破坏了我们与布尔公司的合作，无意中推动了公司的建立。在我们与银捷尼科的合作以及第二轮融资中，他也是功不可没。因此，我们大概可以说，莫雷诺最大的贡献是推动了金普斯的创立。

我和莫雷诺之间的这场“又爱又恨”的游戏将会持续下去。

他会为公司带来麻烦，甚至会扰乱公司的正常运营。他与布尔公司之间有旧怨。布尔公司在银行的芯片卡安全架构上投入了大量的资金，开发了著名的 SPOM 结构。法国银行卡组织旗下的银行集团对这一产品进行了认证，并宣布这款产品将被大规模投放市场。但是，当涉及与安全有关的信息技术时，尤其是涉及金融交易时，“黑客”总是想方设法地进行破坏。一些公司甚至设有专门的团队，他们的职责就是试图“破解”保护措施以发现“缺陷”，由此加强产品的安全架构。

罗兰·莫雷诺的 Innovatron 安全团队正在努力工作，但还没有发现任何问题。这时，莫雷诺才知道在法国南部的两个实验室里，布尔公司的芯片也被入侵了。他把这些信息分享给在一家知名日报社工作的调查记者，并想从他那得到更多信息。随后，记者主动与法国银行卡组织的董事长见面，并告诉他相关信息，如果董事长同意将个人银行卡交给他，他将在 48 小时内带着破译的密码回来，并有可能让所有人知道。董事长也很想弄清楚情况就答应了。

这位记者不知道的是，他引发了一场不可思议的骚动，法国特勤局和布尔公司的安全部门都要参与进来。他立即追踪了过去，事后他还自豪地宣称自己跟得非常紧。他不知道的是，他在奥利机场登上飞往马赛的飞机的情况很快就会被曝光。

在这个地区，谁能入侵布尔公司设计的安全级别最高的芯片呢?

第二天，法国银行卡组织的董事长惊恐地发现，记者竟然不费吹灰之力就说出了银行卡的密码。显然，芯片设计上存在重大缺陷，产品不能按原样发行了。我面见了布尔公司的总裁，在场的还有众多银行业代表和安全系统专家。总裁当时对那个“漏洞”一无所知，甚至开始怀疑他的工程师会利用那个漏洞。不过，金普斯并不担心。事实上，罗兰・莫雷诺还能够发掘出至少一支具有这种能力的团队，而且欣然告诉了布尔公司。

当雇用该名记者的报社老板试图向布尔公司索要封口费时，事情就变得更加复杂了。他们之间会达成协议，但有一个明确的条件，即该记者必须移居美国加州。实际上他在那里度过了几年快乐的时光，我频繁出差加州时也曾找过他谈论过这件荒诞的事。

我和莫雷诺之间的关系也没有好到哪里去。1996 年，我和他一同前往慕尼黑出席爱德华·莱茵基金会的颁奖仪式，该机构授予了他一等奖。这场声势浩大的活动提出了着装要求——燕尾服和长裙。但他却衣冠不整。在颁奖典礼上，他还轻蔑地发表了不当言论，声称大会准备给他的 30 万法郎的支票并不令他满意。此外，当他说出刚刚获得的奖杯“在他的厕所里连个位置都找不到”的时候，台下一片哗然！我很想弥补一下，觉得自己有责任到台上说他的情绪不受控制，从而为他开脱。毫无疑问他的行为是在给法国丢脸。

细细想来，人们可能会认为，他发火的对象可能是他看不上眼的德国人尤尔根·德斯洛夫。尤尔根对他来说是竞争对手，可能会给他获取专利费带来麻烦。他在加拿大又一次引起了轰动。在他应邀参加的一次会议的问答环节中，有一位观众向他表示祝贺，因为电话卡的成功使他更为富有。莫雷诺可能找不到更好的回答，竟说“钱不是我的动力，电话卡对我来说真的没用”。

那么最后，芯片卡到底是谁的发明？

许多人都可以声称自己是发明者，但罗兰·莫雷诺是其中最投机取巧且最固执的一个，尤其是在申请专利方面。因此，历史才会记住他的名字。

然而，他虽然从专利申请中获得了可观的专利使用费，但后来却不那么顺利。首先，在财务上，他投资了很多家公司，却没有给他带来回报。之后失望接踵而至，他所积累的资本很快就像阳光下的雪一样融化，莫雷诺最终陷入了非常严重的困境。

也正因如此，他才在 1999 年 10 月给我寄了一封信，告知了他的处境。他无力偿还德克夏银行 120 万法郎的贷款和税务机关 160 万法郎的债务。因此，他正在考虑将 Innovatron 持有金普斯的股份出售给一小部分希望投资公司的员工。他请求我帮助他完成这次交易，因为这是唯一能帮助他解决问题的办法。只要交易能成功，他就能基本还清债务。后来，他的左手在法国南部的一起交通事故中受了伤，他也完全失去了行动能力。他开始过度增重，在 2011 年他接受某电视台采访时就可以看出这一点。最后他精力衰竭，被病魔夺去了生命。2012 年 4 月 29 日，他因肺栓塞去世，享年 67 岁。

如果想了解这个让人又爱又恨的人，我们可以看他的第一个视频。当面试官问二十多岁的莫雷诺认为自己是野心勃勃还是不择手段时，他毫不犹豫地回答：“对我来说，所有的手段都是为了达到目的。”

他的去世结束了关于芯片卡发明者是谁的争论……

02

# 第二章

# 近朱者赤

# 金普斯非凡史诗的缘起

1988 年 5 月，法国，罗讷河口省，热姆诺

我们的公司创建于 1988 年，起初并没有想过要成为世界龙头。为评估芯片卡作为新产品的潜力，汤姆逊曾委托著名的波士顿咨询公司进行了一项研究。结果显示，市场每年最多可以消耗 6 万张芯片卡，且仅适用于信息安全领域。这太不切实际了！其实，后来我们卖出的芯片卡达数十亿张。但是包括我的雇主——汤姆逊的高管在内，很少有人相信芯片卡的潜力。

所以可以想象当我深信前途光明，并下定决心尽全力实现目标时，我该有多么失望。我们的第一步是组成了一个财审会，其中包括第一个客户法国电信，它给公司下了第一笔电话卡订单。这个起步，再加上这位电信领域的重量级参与者，使公司能够基于一种全新的制造理念建立起全自动生产线，虽然这种理念与当时所有的卡片制造技术背道而驰。

在这个小众市场中，无论是欧洲公司还是日本公司，都在使

用美国的传统磁条技术——在卡片上安装传统磁条，而我们要使用电子芯片替代传统磁条。这种模式通过类似制造钞票的打印术，来确保金融交易安全。

然而，无论是Visa、万事达还是美国运通的支付卡，其标准厚度都为0.76毫米，这种厚度无法使用打印票证的胶印机。所以，必须先把0.1毫米厚的塑料薄片像纸币一样滑过机器的巨大卷轮。按照60 PPM（每分钟纸张数）的打印速度，印出卡片的正面和背面。然后热轧至少七张塑料片以达到标准作用厚度，再把生产出的卡片切割开，分别对每一张进行机械铣削操作，以便在加工好的插槽中嵌入“微模块”，也就是包含着芯片的小金片。

这个办法不过是权宜之计，作为金普斯的创始人，我们相信一定会有更好的选择，于是决定推倒重来。尤其是让-皮埃尔·格洛东和我本人，我们从半导体行业的职业生涯中汲取灵感，产生了制造芯片卡的念头。如果用芯片卡来封装电子芯片，而不是将电子芯片装在塑料支架中，那么技术的关键在于向芯片周围添加塑料，也就是以卡定型。

定型的方法是注塑。这个办法还有一个好处，就是可以对塑料进行回收，远比其他使用PVC（聚氯乙烯）的层压技术环保得多。

有了这些不断进步的新技术，我们几位创始人决定赌一把，要推出比现行市场价格低一半的卡片。法国电信总经理夏尔·罗兹马林和执行总裁马克·福西尔也勇敢地接受了这个赌注。他们签署了开发合同，为自动化生产线提供资金。对金普斯的诞生而言，这份支持弥足珍贵。

此前，电话卡市场疲软，主要归咎于定价过高且质量太差，多达 2%~3% 的电话卡出厂就无法使用。金普斯则敢于宣称，可以保证废弃率不超过 0.01%。这完全符合模制封装半导体行业的日常执行率。可喜的是，我们的价格还比竞争对手低一半。

于是我们开始选择第一个生产场所的地点。我们与汤姆逊达成了一项关于工程师团队离职条件的协议，规定可提供一笔丰厚的援助资金给那些接收被解雇员工的位于普罗旺斯地区艾克斯的企业。因为在过时的二极管和晶体管生产线停产后，公司面临着严重的人员过剩。

同时，拉西奥塔的范诺德造船厂永久关闭，解雇了数千名工人。为尽可能给大家安排工作，法国政府也制定了一项诱人的激励政策，鼓励企业在县城落地。凭借这个条件，金普斯如果承诺至少招聘 150 人，就可以向国土规划及地区活动代表团申请一笔 1 600 万法郎的发展援助金，或者申请免缴未来 10 年的公司税。

与其他人的想法不同，我更看重未来并选择了第二种方案。事实证明，这确实是明智的决定，而且对公司发展产生了巨大的积极影响。公司迅速赚取了不菲的利润，并凭借免税政策进行了再投资。

公司高层还获得了马赛普罗旺斯工业化公司总经理莫里斯・巴塔耶的宝贵支持，这家公司负责范诺德船厂的改建。莫里斯竭尽全力，寻找高质量的可用土地，甚至考虑到了公司未来的扩张，并努力为所有交易提供便利。我们的挑战在于如何将工厂修建在拉西奥塔的最北端，以尽可能接近未来的员工。因为他们大部分会来自汤姆逊，且居住在艾克斯、马赛和拉西奥塔的三角地区，工厂建在拉西奥塔的最北端才能方便他们到达公司。

最终，我们选择了迷人的普罗旺斯村庄热姆诺。这里交通便利，符合期待，恰好位于直通土伦、尼斯、马赛和艾克斯的高速公路网络十字路口。

这场冒险活动以领头小组进入工作状态为开启方式。该领头小组是我在汤姆逊创建的一个项目小组，它的出现迎来了芯片卡从微电子领域中“剥离”的机会。雅克·诺埃尔是汤姆逊唯一看好芯片卡业务前景的高级管理人员，在他的开明领导下，我一直负责集团内专门从事高端半导体生产的工厂，比如鲁塞特和格勒诺布尔的工厂。

这座城市蕴藏着研发组的主力。我离开汤姆逊时是在伤心和不舍中告别了他们。让·特尔姆——格勒诺布尔国立理工学院的年轻毕业生，就是其中之一。他在这里有过一段辉煌的职业生涯，后来被任命为法国原子能委员会（CEA）主任，在那里打造出“欧洲微米和纳米技术第一中心”。他是一名行动主义者，永远都在彰显他的法式才华，他将许多初创公司引入被称为“法国硅谷”的格勒诺布尔盆地。

2006 年 6 月，在 Minatec 公司（一家生产技术控制工具、束缚装置和“智能”武器的公司）揭幕之际，他曾宣称自己伤感于美国人开发出了一种全球电子间谍系统并把计算机废料出口到中国，而这些竟与他无关……

对他来说，成为法国原子能委员会主任是一次机遇，他说："这次机会是由我的导师马克·拉叙斯引荐的。"这也是对我本人的高度认可。

## 白手起家

1988 年夏，法国，普罗旺斯地区艾克斯

我们以创始人为核心组建团队，最初的根据地是在普罗旺斯地区艾克斯以东，鲁塞特市的汤姆逊工厂。我感到自己回到了熟悉的地方，我曾经在这里担任汤姆逊相关业务的总监。也是在这里，我们开发出用于电话卡的芯片。后来，意大利 SGS 微电子公司（国际公认的检验、鉴定、测试和认证机构）和汤姆逊半导体公司合并，变成了法意半导体集团。我离开汤姆逊的时候，曾与我在摩托罗拉共事 15 年的帕斯夸莱 · 皮斯托里奥接手了首席执行官职位。意大利人恩尼奥 · 菲劳罗则接任了我的职位，这对他来讲纯属意外，宛如天上掉馅饼。

但菲劳罗让金普斯团队的发展变得艰难，他总是想尽办法破坏我们与汤姆逊达成的协议。虽然协议中做了相关规定，但他仍竭力反对转让微模块制造技术给我的另一家位于艾克斯莱班附近的格雷西的工厂。毫无疑问，对于菲劳罗而言，只有法意半导体

集团发展芯片业务他才有利可图。但无论如何，合同就应以此为准，况且我们已经向法意半导体集团支付了 3 000 万法郎的费用。

但万万没想到，在一个美好的清晨，团队被迫面对关闭的鲁塞特工厂，我们只得匆忙跑回普罗旺斯地区艾克斯的老工厂。后来，我们把微模块制造设备从艾克斯莱班的工厂转运过来，并等待热姆诺的新场地投入运营。虽然热姆诺的这栋建筑破旧不堪，但胜在无须付费且可以马上使用。它紧邻一个被当地称为“火柴工厂”的废弃工厂。数十年间，这里都在生产法国火柴，后来马塞尔·比克和他著名的小打火机彻底终结了火柴和这些生产火柴的工厂。这是普罗旺斯地区艾克斯的心脏地带，并在几年后变成一个豪华的露天购物中心——普罗旺斯大道，通向著名地标罗通德广场。

在各种错综复杂的机缘巧合下，阿尔诺·蒙特布尔如今在这里建立起新公司 ——“杏仁公司”。作为曾经的财政部长，蒙特布尔曾强烈反对通用电气收购阿尔斯通，并要求把杏仁生产重新引入法国。目前,世界杏仁产量的 80%来自美国的加利福尼亚州，法国杏仁产量已减至几乎为零，并不得不从国外进口。杏仁的生产曾使法国南方的农民有过一段好日子。但在法国和美国的较量中，法国尚未反击。

第一个微型模块正是在此时问世的。而矛盾的是，产品最初竟然是为金普斯未来的竞争者而生产的，如布尔电器、欧贝特和斯伦贝谢。这几家公司之前的供应商是汤姆逊，而且没有任何其他备选。为了满足人员需求，金普斯开始雇用来自汤姆逊的女员工、生产操作员以及技术人员。他们全都拥有扎实的专业知识，并且在经历数次解雇浪潮之后，都表现出标兵式的专业状态和对公司的绝对忠诚。在金普斯的发展过程中，他们无疑成为公司取得成功的重要保障。他们将会明白稳定的工作岗位的益处和重要性，并且明白在公司经济状况恶化时，工会是无法有效控制危机并为他们提供任何帮助的。

随后，迅速开启了发展的新阶段，大规模生产、创新技术、卡的成型、逐张打印都成为可能，而这正是金普斯与竞争对手的区别所在。在世界任何地方，这些都是前所未有的。

在用某种火花喷射技术制造昂贵模具的过程中，我们掌握了注塑工艺。从实现包裹芯片的微模块插座底部 1/10 毫米厚度的可复制性，到进行不溶解塑料基材的快速黏合剂的选择，在每一个流程中，我们都克服了重重困难，付出了巨大的努力，才最终掌握了这项工艺。对杰拉德·郭东的团队而言，这却意味着许多个不眠之夜。他们需要研究工艺过程的可重复性，并研究如何提高生产率，以尽可能降低成本。

金普斯与众不同的另一个特点是掌握并精通单独打印每张卡片的技术。最初，我们使用简单且自动化程度不高的小型办公机器，但这需要大量的人工操作，效率偏低。于是我们找到法国一个村庄的小型印刷厂，以期打破这一瓶颈。但机器每次只能打印一种颜色。我们若想打印多种颜色，只能是有多少个颜色，就打印多少次，别无他法。

于是，让－皮埃尔·格洛东和我尝试着寻找自动四色印刷技术。最终，日本的一家工厂提供了解决办法。其实，我在汤姆逊工作时就曾从日本带回来一些极好的彩色印刷塑料卡片。在日本街头，一到晚上都有人在街上发这类卡片。

我们仔细研究了这些卡片，并决定尽一切可能使用这项先进技术。日本东洋油墨公司凭借配备四个集成喷头（每个喷头颜色不同）的自动化机器，很快成为该领域市场上效率最高的公司。在磁头下方逐一滚动的卡片只需单次通过即可上色。在实地考察了机器的性能后，我们立即下单。为减少运输成本，我们决定通过海运而非空运将印刷机送到法国，但这造成了灾难性的后果，第一台机器运达法国时情况非常惨烈，精密机械受到了海洋环境的极强腐蚀，而机器最初的设计是将它运用在封闭的环境中。制造商之前从来没有考虑过海洋环境的腐蚀问题，因为他们从来没向日本以外的地方出售过这类设备。

于是，技术团队昼夜不停地赶工十天，拆除了所有部件，清洁、润滑、更换损坏组件。稍做调试后，我们就以非凡的热情准备迎接第一批成果。

这台巨大又精密的仪器奠定了金普斯在单卡四色印刷领域至高无上的地位。它的产品质量高，生产成本低，完全颠覆了原有技术。

金普斯凭借这项独有的技术，可以游刃有余地为法国电信提供产品，每批次可以生产几张到几百万张数量不等的卡片，而且每次都可以修改外观，从而将芯片卡变成真正的广告媒介。最初，这项技术使法国电信这家老派企业大为惊诧，他们毫不犹豫地拒绝了这一提议。但是，它的一个叫作“T 制作组”的通信机构很快就明白了这一技术的优势和潜在的商机，并接受了我们的提议。这一技术的使用最终实现了巨大的双赢：法国电信可以向广告商出售芯片卡上的广告位；金普斯公司凭借这一独特优势，能够以高于竞争对手的价格出售芯片卡。我们立刻就创造了出色的财务业绩，迅速弥补了开发成本带来的资金不足。

我们不仅能保证产品的质量、充分控制成本，还可以实现批量生产，满足了市场需求。受斯沃琪创始人尼古拉斯·海耶克的启发，我大力倡导将“循环时间”作为一种信仰。也就是说，应当以此方式管理每一个生产单位，从而尽可能压缩产品从开始生产到完成生产的时间。使用了这种方法后，生产全流程的各阶段都得到显著改善，生产线上的产品有所减少，发生技术故障时能立即做出反应，报废率大幅降低，产品的质量水平得到更优控制，新产品能很快进入销售市场。按照这种方式，金普斯的所有生产线都可以一年 365 天、每天 24 小时不间断地运行，而我们的竞争对手却要在假期关闭工厂。金普斯的获利空间更大，一年一年拿下稳定的市场份额。这种运行方式需要严格的控制，而这种严格很快就变成了一种娴熟的操作，融入公司的基因。

卡片从下单到送达客户手里，如果可以仅花三周甚至三天时间，何必等三个月呢？这是金普斯彰显能力的又一项创举。

当然，上述方法得以实施，并取得成果，得益于与马赛的赛博耐特公司合作。该公司由创始人夏尔·帕伦博领导，专门研究机器人技术。该公司最初受到两大股东法国原子技术公司和法国海事鉴定公司的支持。后者也是马赛的一家公司，由优秀的企业家亨利·德劳兹创建，是世界知名的水下勘探企业。

法国电信成功进入电话卡产品认证阶段，通过了所有耐力测试，可以进行批量生产，而且价格极具竞争力。他们最初用于开发自动化生产线的资金迅速回笼，并转向这笔较有保障的投资。

热姆诺的新工厂飞速建成，也迅速实现了搬迁，这为所有员工提供了更加舒适的工作环境。不过，这一新阶段的到来为先驱时代敲响了丧钟。正如美国加利福尼亚州盛行的说法，先驱们早期凭借工人的征服精神“在车库里白手起家”。

## 微处理器的出现：见证时代的革命

1989 年，法国，普罗旺斯地区艾克斯

实际上，我们为法国电信设计的电话卡是存储卡的第一个实际应用。其中的芯片是一个非常简单的组件，微保险丝被植入小型的硅存储器上，它会随着使用次数的增加而逐渐被烧毁。然后它会像普通剃须刀一样被丢弃，也可以像收藏品那样被收藏。因为不再使用，它会变成潜在的宝贝。

安全性是芯片卡的关键因素。这就需要内存微处理器能够承担加密任务，从而确保数据安全。如果没有能够保证充足计算能力的组件，即便能耗再低，也无法进行支付交易或移动电话通信管理。

这时，金普斯再次成为本领域的先驱。从汤姆逊开始，我们就设计并做出了适用于微型计算机芯片的组件。后来，公司开发出应用程序的信息维度，以证明硬件能力与软件一样优秀。这尤其要感谢我们的创始人之一吉勒·利希马克，他被能力出众、热情积极的菲利普·马埃斯挖掘。吉勒加入汤姆逊之前，曾在一家美国信息巨头那里学到了宝贵的专业知识。他开发了芯片操作系统（COS），这是管理芯片卡安全电子交易必不可少的操作系统。其工作原理类似手机和计算机系统，比如谷歌的安卓系统、苹果的 iOS 系统以及微软的 Windows 系统。当时，几乎所有的手机和计算机使用的系统都来自美国，所有用户都依赖于美国的技术，美国的技术统治了世界。但在普罗旺斯地区，我们完全独立地构思和设计出了这样一个隐藏在小小金色芯片电路中的系统。

在拥有法国电信这样的长期客户后，领域内的其他知名企业很快就加入了金普斯的客户行列。比如媒体大亨默多克的国际新闻集团，这家公司控制着英国天空电视台及其从事计算机安全的以色列－英国子公司新闻数据网（以下简称"新闻数据网"）。

与法国 CANAL+ 频道一样，天空电视台计划将加密数字收费电视带到英国。他们知道，许多法国团队正在努力研究这个问题。他们前往斯特拉斯堡实验室，与汤姆逊的多媒体技术人员进行交流，其中包括法国人帕特里斯·佩雷和新加坡人蔡天逸，并从这两位工程师口中得知，一个普罗旺斯地区艾克斯的小团队正在开发他们梦寐以求的产品。

在一个天气晴朗的早上，我接到一位名叫布鲁斯·汉德马克的人的来电。他是住在伦敦的澳大利亚人，自称是澳大利亚人鲁伯特·默多克的贴身顾问。很快，他就开始询问有关金普斯的资金能力和自主性问题，随后就要求登门拜访，同行人员包括新闻数据网的以色列信息安全专家，他负责开发天空电视台所需的系统。我欣然接受了这一请求，并提出在马赛普罗旺斯机场附近的酒店安排一次见面。但是，我的客人坚持并希望见到“生产工具”。

这使得我们整个团队都措手不及，艾克斯简陋的临时办公场所、有限的可用物质资源，以及金普斯作为一家初创公司的实际情况，似乎都无法使潜在的客户感到放心，更何况是这种规模在全球范围内有影响力的客户。

我们的内部装饰极不协调，品类繁多，在一片毫无秩序的混乱环境中，没有任何两件家具可以成套。这些家具大多是汤姆逊的人几周前离开时所废弃的。最重要的是，这间改头换面的会议室也只是一个狭窄的玻璃隔间，里面放着一张仿制餐桌，周围草草摆了些不成套的、摇晃的椅子。储藏室的后壁靠着用作桌面的白色回收板。开会的时候，由于空间太过狭窄，参会者必须把密码的数学方程式写到相邻的窗格上。

尽管物质条件有限，我们对以色列专家提问的回答似乎令他们满意。当然，令他们满意的还有之前特意为他们准备好的三明治。

第二天，布鲁斯回到伦敦并与我联系，告诉我金普斯开发的产品在技术上完全符合他们的要求。不过，他们对公司的生产能力表示严重怀疑，认为我们的产品可能无法达到其标准。为此，他建议通过协议的方式将我们的技术转让给日本索尼公司，并且表示有信心代表我们这家小公司与索尼进行谈判。

我不假思索地表示反对，因为日本公司是我们早晚都要面对的潜在的激烈竞争对手。两天后，布鲁斯表示理解我的不情愿，理解这种无法忍受把技术转让给日本公司的想法。所以这次他为我提供了更理想的合作伙伴——法国的斯伦贝谢。我的反应更加激烈了，我郑重地告诉他，那正是我最危险的竞争对手。

为了打破僵局，我找到一个震惊所有人的特别解决方案。我们为什么不与英国新闻国际集团合资成立一家公司，创建一个生产单位，以保证定期进行技术更新呢？尽管两家公司之间规模差距极大，但这位国际新闻巨头对我们这家法国小公司的态度还是友好的。毕竟，距离推出天空电视台的时间所剩不多。最终，金普斯得到保证，英国新闻国际集团不会为了在任何一笔订单中获利而漏掉我们的公司。

天空电视台说干就干，马上在苏格兰爱丁堡郊区的利文斯通找到一间全新的、装备精良的无尘建筑，工厂刚开始运营，他们就立即给金普斯下达了价值约 1 亿法郎的 250 万张卡片的订单。金普斯立即订购了必要的设备，得到了具有真才实学的工程师亨利·博齐亚的技术支持。随后他与家人一起移居苏格兰，专门负责生产工作。

最终，在电子行业这一领域，加密数字电视成为第一种使用微处理器的载体，而在多年之后，银行才决定使用这一技术。就连移动电话中使用的 SIM 卡也出现在银行卡之前，早先，对于芯片卡的“发明者”罗兰·莫雷诺来说，“将芯片应用到银行卡上”是他的唯一信条，或者说至少他对芯片卡在其他方面的应用都持怀疑和犹豫的态度，但实际上，就连移动电话中 SIM 卡的应用也出现在芯片应用于银行卡之前。

生意如火如荼，销售流程迅速启动，金普斯的销售团队环游世界，宣传我们的招牌产品。他们大多是来自商学院的青年商业工程师，通常具有企业国际志愿者身份。这是法国在对外贸易方面的卓越制度，可以在一定条件下使法国公司能够在境外完成科学、技术、商业范畴的任务。

成功接踵而至，不久之后，德国联邦电信就将金普斯的产品用于他们的公用电话业务。这些卡片最初从法国进口，随着业务量不断增长，我们需要尽快着手在德国建工厂。斯图加特附近的菲尔德施塔特工厂积极回应，最终被公司选定为新厂址。虽然已经有两家德国本地的竞争对手占领了市场，但由于法国产品出众的质量水平、卓越的设计以及完美的服务，还是在德国广受欢迎。德国人不习惯法国人的这种出色表现，无法相信法国人——尤其是那些每天晒太阳、搞副业的法国南方人——可以做成什么事并信守承诺。然而贴在卡片上的广告倒是成为令人信服的依据，它们保证了我们丰厚的利润。

此外，金普斯公司的生意在南美洲的扩张也势不可当。法国电信和墨西哥电信公司与卡洛斯·斯利姆成立了合资企业，在墨西哥开拓版图。卡洛斯·斯利姆后来成为全球首富，把比尔·盖茨甩在身后。雄心勃勃的金普斯打开了墨西哥市场，使其成为公司的第一大市场。多米诺骨牌效应随即影响到了委内瑞拉、哥伦比亚、阿根廷和其他国家。

为了永恒的胜利！这句话似乎反映出贝特朗·穆塞尔及其团队的心态，他们如同现代麦哲伦，征服了这个大陆。

# 结识西班牙：探索新开拓的土地

1990 年，法国，罗讷河口省，热姆诺

这天，如往常一样，我在进办公室之前路过我的得力助手克里斯汀的办公室，只听她喊道：

“马克，一位叫特雷的先生打电话给你。他把号码留下了，让你给他回电。”

这对我来说没什么稀奇的，每天我都有很多事情要忙，因而这条信息就被我忘在了脑后。克里斯汀一向认真，她提醒我不要忘记回电，并补充说这人一再坚持与我取得联系，甚至有些咄咄逼人。

于是我给马克斯·特雷先生回了电话。

我想不明白这样的人物为什么要联系我，也不理解这个意外来电的意图。我知道他是一位 80 多岁的著名商人，与合伙人安德烈·埃塞尔一同创立了法雅克公司（法国知名的文化产品和电器产品零售商），并且拥有完美的家庭背景。从 18 岁起，他就加入青年社会主义者联盟，20 岁成为列夫·托洛茨基的保镖，并拥护其政治信念。在西班牙内战期间，他还冒着生命危险参加战斗，并光荣负伤，展现出十足的勇气。他在战场上结识了安德烈·马尔罗和欧内斯特·海明威。发家后，他退隐幕后，成为慷慨而有影响力的赞助人，在各领域如鱼得水，与社会主义人士弗朗索瓦·密特朗、皮埃尔·贝雷戈瓦、罗杰－帕特里斯·佩拉特来往甚密。后来他和他的伙伴一起成为信奉共济会宗旨的活跃分子。

马克斯·特雷给我打电话时，正因身陷一桩政治金融丑闻，即佩希内事件，而重新成为众人瞩目的焦点。

这场神秘而意外的通话能为他带来什么？

电话另一端，马克斯·特雷没有掩饰自己的怒气，并立即“召唤”我第二天一早在巴黎荣军院大草坪前的一间豪华公寓见面。一位亲切的金发女士接待了我，并提供了咖啡和小点心。随即出现一个灵活的矮个子男人，闪着狡黠的目光，向我伸出手。这握手极富力量，对于他的年龄来说显得相当惊人。很快，事情就明朗了。

“所以，拉叙斯先生，就是这样，他们想要我们……我无意放任不管……但您知道这会遇到严重的麻烦吗？”

我突然明白，为什么密特朗任期内的总理皮埃尔·贝雷戈瓦称他为“威胁者马克斯”，但我还是很难理解他为何如此愤怒。

“您会明白的，是和西班牙有关的事……您妨碍了我们的项目……鉴于我们和西班牙达成的协议，我们会毫不犹豫地‘清算’

您和您的公司。”

于是我试图回忆当时公司在西班牙采取的行动。的确，我十分了解西班牙这个国家，也特别喜欢西班牙的语言和音乐。我记得正是在西班牙，芯片卡行业博览会结束的时候，西班牙皇家印钞铸币厂的一位负责人曾联系过我。其实，这是一家西班牙国家货币机构，负责印制国内所有的信托文件、钞票、护照、身份证、彩票和其他票据。公司负责人大概是需要我们的新技术。当时金普斯在这一领域已经享有很高的声誉，我也很开心能亲自与他们的董事长交流，没想到我能与他们共事。

出于职业素养，我提议帮助他们与布尔戈斯的一家工厂建立合作关系，他们在那里已有生产基地。布尔戈斯位于西班牙北部，圣地亚哥朝圣之路的重要文化中心，面向法国巴斯克地区，前往圣地亚哥－德孔波斯特拉古城的朝圣者通常从这里经过。小时候和父母一起游览时，我非常喜欢这座城市壮丽的大教堂，对当地酒窖里流淌的优质的里奥哈葡萄酒也很喜爱。

我与皇家铸币厂董事长的谈判取得快速进展。更令我满意的是，这家工厂可能意外解决了我们产能不足的问题。当时由于需求不断增加，这个问题已经开始在热姆诺显现。通过与西班牙的合作我们还得到了西班牙国家为工厂提供的全部所需资金。由于西班牙市场仍处于起步阶段，各家银行在这个时期都谨慎参与进来，我知道如何利用这种额外的生产力发挥我们的优势。因此，皇家铸币厂董事长和西班牙政府都表现出很大的兴趣，希望可以快速弥补西班牙在专业领域的落后。

但是我想不通，马克斯·特雷提出的问题可能是什么。“拉叙斯先生，您肯定什么也没听懂，这完全是一项国家事务！”

我真的不明白，我怎么会参与到一件西班牙和法国之间的国家事务中。

“嗯，我说的是 ETA，而不是 État（法语意为：国家），您现在明白了吗？”

尽管我来自巴斯克－贝阿恩地区，但我仍然不明白自己为什么会被牵涉到西班牙巴斯克恐怖组织的事情当中去。ETA 为“Euskadi Ta Askatasuna”的缩写，在巴斯克语中意为“巴斯克祖国与自由”。这个武装组织标榜自己“为巴斯克的独立而战”。其武装斗争的历史可以追溯到 20 世纪 60 年代，该恐怖组织经常在法国境内靠近边界的地区设立基地，受害者众多。尽管如此，他们的活动范围似乎离我所住的普罗旺斯还很远。

马克斯·特雷做出了进一步解释。应西班牙首相费利佩·冈萨雷斯的要求，西班牙和法国政府进行了秘密谈判，弗朗索瓦·密特朗团队同意在这个敏感问题上进行合作。更明确地说，法国将提供警察、后勤援助人员以及藏在法国的恐怖分子信息，来支持西班牙解决内部问题。西班牙则向法国提供金融和工业领域内的合作，包括承诺使用法国的技术建设高速铁路，以及普及芯片卡的使用。

皇家铸币厂和金普斯的合作因此被叫停，因为法国政府当时已将金普斯的竞争对手——布尔公司指定为义务合伙人。因此，他们要求我立即停止与西班牙皇家铸币厂商谈的布尔戈斯工厂项目。作为熟悉西班牙语世界且经验丰富的商人，马克斯・特雷临危受命，负责处理两国之间与该项秘密协议有关的政治性工业往来。因此，金普斯别无他选。最终，我仅收到一次警告，并没有付出其他代价。但这件事告诉我，当卷入“超国家因素”时，技术和经济利益就会变得无足轻重。

马克斯・特雷是一位真正精通商业的大师，他开始设想与我和金普斯合作的其他可能性。他非常了解芯片卡在他熟悉的领域里的前景。他表示自己与前通信部长保罗・基耶斯很熟，并保持着良好的私人关系，他们的城堡挨着，而他们的关系确实很有趣。至于法雅克，它已成为开云集团的子公司，由雄心勃勃的商人让－路易・贝特里亚经营，与母公司一道集结众多重要成员，迅速成为芯片卡的使用者。

随后我们在巴黎接连举行的多场会议中见面，互相感谢。在人生暮年，马克斯喜爱分享标志着他非凡人生历程的高光时刻的回忆。例如，参加西班牙内战时，腿部中了两颗子弹。他曾是法国抵抗运动的一员，除参与武装活动之外，他还创办了地下刊物。

他对电影和摄影很感兴趣，一度考虑掌管百代电影公司，但“知情投机罪”又令他无法推进该想法。他告诉我，他对影视业的热情源于幼儿园时期。法国因为卢米埃尔兄弟和百代兄弟的发明，而在当时全球的影视业中发挥着主导作用。童年时期，马克斯住在巴黎蒙马特一栋别致小楼的三层。“厕所在楼梯间。”他高兴地说着，嘴唇挂着笑容，在荣军院的高级公寓里走来走去。

那间蒙马特公寓附近恰好有一家电影制片厂。1918 年，好奇心促使只有5岁的马克斯去制片厂的垃圾桶里收集零碎的黑白胶片，他津津有味地把零碎的胶片拼起来，然后对着光看。从那时起，他开始对商业表现出一种早熟的敏感。他想了个办法，就是将胶片上的图像切下来，然后将其插入纸板做成的背衬中。用这种方法，他制作出来的可能是世界上第一张幻灯片！从这个“发明”开始，他就开始做“生意”。他年纪轻轻却盘算着，为什么不把幻灯片卖给学校的朋友们呢？于是生意很快蓬勃发展，以至于有学生家长向校长告状。他们不愿意孩子的零用钱最终落入马克斯的口袋里。儿子被叫家长时，特雷夫人一头雾水，她向校长道歉并说对儿子违反校规的举动并不知情。由于担心巨额罚款，急于证明这种商业活动不符合家规，她补充说：“校长先生，我们不是犹太人！”离开学校后，马克斯告诉母亲，校长本人就是犹太人。回想起当年母亲脸上惊慌失措的表情，他仍然会哈哈大笑。

开云集团和法雅克主席让－路易·贝特里亚随后加入了会议。他在接管法国西南部的ASSEDIC公司之后，于1987年成为米歇尔·巴罗恩的接班人。巴罗恩的死颇有争议，他在搭乘飞机飞越非洲国家时因飞机爆炸而丧生。马克斯·特雷表示，就接班人来说，他是“所有潜在候选人中最不危险的”。共济会支部领导人资格也与此息息相关。贝特里亚并不安分，他很有野心，擅长花言巧语，非常熟悉娱乐圈，衬衫领子上永远都有一个蝴蝶结，极易辨认。由于在米歇尔·巴罗恩的失踪案以及雷诺总裁乔治·贝斯的谋杀案中，他曾受到怀疑，便养成出门只躲在深色玻璃的巨大奔驰装甲车中、身边总带着两名保镖的习惯。

我和贝特里亚讨论了芯片卡及其巨大优势，特别是在保留公司客户方面。讨论过程中，我们竟发现曾在20世纪50年代的奥尔泰兹中学见过彼此。

当时，贝特里亚读高三，我读初二。我特别钦佩这位学校橄榄球队后卫的优雅与能力。作为警察后代的贝特里亚和作为教师后代的我，当时在奥尔泰兹小镇都算得上有头有脸的人物。年轻的时候，我们曾同处在一片蓝天下，未曾想过有一天命运会让我们重逢……

尽管金普斯取得了成功，但就像让-皮埃尔·萨瓦雷曾暗示的那样，我很清楚自己还没真正进入上层的圈子。在巴黎知识分子眼中，我显然只是个奥尔泰兹的“乡巴佬儿”，无法融入这个阶层，对各种托词和暗箱操作一窍不通。因此，这次金普斯没有从贝特里亚处获得业务。我们的业务往来止步于此，因为让-路易·贝特里亚卷入了一场巨大的财务丑闻，我们的关系也彻底结束了。在这起丑闻中，他涉嫌对西印度群岛圣马丁岛的荷兰领土进行了可疑投资。1994年他被迫辞职，两年后被监禁，然后便被共济会除名。

皇家铸币厂和布尔公司在西班牙的工业项目没有继续推进，工厂也不会在布尔戈斯建立。与此相反，马克斯·特雷向我引荐了著名的路易斯·罗丹。路易斯·罗丹是一名社会主义政治家，被任命为西班牙国民警卫队队长，他也是西班牙最年轻的州长。那时，手机正在西班牙兴起，这可能是热姆诺工厂所生产的芯片卡最有前途的出路。考虑到这一点，我们计划在马德里附近建立一个 SIM 卡个性化和分发中心，并在路易斯·罗丹的办公地点开设一家金普斯分公司，由精通双语的法国销售人员经营。我的兄弟米歇尔·拉叙斯负责根据语言能力选拔最适合的人，他在尼斯附近索菲娅·安蒂波利斯的应用管理学教学研究中心当西班牙语老师，也是学校橄榄球队的教练。

此外，在哈维尔·皮特罗的支持下，西班牙公共电话亭制造商 Amper 公司，也就是斯伦贝谢的竞争对手，成为拉丁美洲金普斯公用电话卡的重要合作伙伴。而在西班牙，公用电话市场尚未起步就直接由全球移动通信系统所取代。

最终，我们与路易斯·罗丹的合作戛然而止，因为他于 1994 年初因严重腐败被起诉。此案导致费利佩·冈萨雷斯的社会主义政府垮台，迫使罗丹流亡，我也不能再像以前那样在圣诞节收到他寄来的装着里奥哈美酒的包裹了。

渐渐地，我与马克斯·特雷之间的关系也因他被牵扯进科佩奇尼事件而日渐疏远。他因从事内幕交易而被定罪，于 1993 年 9 月被判处两年缓刑，并处以重罚。关于这个问题，他说："这次审判无聊透顶，但我……"他微笑着向我暗示他在西班牙内战期间左腿上中的两颗子弹。他起初被共济会除名，后来又被恢复职位，以表彰其参与西班牙内战以及对法国左翼的财政支持。

他于 2009 年去世，享年 96 岁，拥有着异彩纷呈的人生。我还可以分享他更多的高光时刻。我也体会到，自己曾经陪同过的是一位多么独特又可爱的人物。

# 南美史诗：从格兰德河到火地群岛

*1990 年，加勒比海*

很快，国际化就成了金普斯重大的、战略性的发展方针。我与合作伙伴们很快就产生了跨越国境线、从法国本土走出去、将影响范围扩大至世界各地的抱负。

首先要做的就是为后续的发展寻找动力，当时我们与法国电信合作，在电话卡市场上实施的冒险计划奇迹般地取得了成功，同时我们也在市场上占有了一席之地。这时，就像火箭需要二级点火一样，我们也要为公司补充新的能量，将公司的运行推至一个新的高度，甚至是将其送入最终的运行轨道。

我们最早在德国进行了试验，用我们在法国时使用的方法，与德国联邦电信合作，并取得了成功。当我们把目标转向美洲大陆的时候，面临的就是走出欧洲、登陆新的海岸线的问题了，因此要做的就更多了。但对于我们年轻的团队来说，没有什么是做不到的。凭借出口方面的经验和满腔热忱，我们最终使得竞争对手黯然失色，并逐步取得了巨大的商业成功。

接下来就是拉丁美洲了。这一切都始于我在法属瓜德罗普岛皮特尔角租的一艘双体小帆船，驾驶帆船是我的爱好之一。紧握舵柄、根据气候条件调节帆的角度、统筹安排全体船员的工作，从而驾驶帆船顺利进入港湾，就像管理一家公司一样，还有什么比这更加令人着迷吗？

我从瓜德罗普岛出发，航行抵运旁边的圣马丁岛——这座岛上已经有一家代理商负责在当地销售我们公司的电话卡了。我尤其喜欢在这片海域航行，正因如此我才会在圣巴特岛上偶然遇见正在寻找药店的大航海家提图安·拉马祖。我还在马提尼克岛的法兰西堡遇见了埃里克·塔巴利，这位世界航海界的传奇人物当时正等着人家将他之前租好的汽车交给他，他让妻子去跟当地人交涉，自己却事不关己地在宿营地的板房里耐心等候。1990 年，我还作为观众有幸见证了弗洛朗丝·阿尔托驾驶她的帆船“皮埃尔集团一号”，参加单人帆船横渡大西洋比赛并最终顺利抵达皮特尔角的港口。这是她第四次参加该项比赛，虽然这位航海家当时的健康状况不容乐观（在出发前她不顾医嘱，脱掉了帮她支撑受损脊柱的钢背心），但她还是出乎所有人的预料，率先抵达了比赛航线的终点。尽管精疲力竭，但当弗洛朗丝回忆起那些必须克服的困难时，她还是表现得无所畏惧，并且宣称：“这下他们没什么好说的了，女人也可以做到，一切皆有可能！”

在圣马丁岛看到的一幕令我深受感动：沙滩上有些小孩向刚从游轮上下来的游客兜售金普斯公司的电话卡，这些珍贵的电话卡让游客只消拿出口袋里的手机就能及时收到新闻消息。

1992 年，我在索菲娅·安蒂波利斯科学园区的德州仪器公司遇见了一位名叫贝特朗·穆塞尔的男人，我十分欣赏他的个人品德和专业素养，于是我邀请他以销售部负责人的身份加入我们。1994 年，应法国电信要求，贝特朗·穆塞尔出任拉美地区总监，当时法国电信正与刚刚被私有化的墨西哥电信公司一起，共同创办合资企业，目的是共同入股卡洛斯·斯利姆名下的集团。对于贝特朗而言，这是一次在未知世界中的飞跃，也是巨大满足感的源泉。后来他向我坦言，自己对于金普斯公司派他到那边执行这项任务感激不尽，这 10 年来他废寝忘食地工作，也因此学到了很多。随后他又用自嘲的语气补充说："我们什么都干，也没什么特别的目标，我们就是什么都想要，就像那只'老兔子'一样。""老兔子"的说法出自一份向销售部门工作人员展示的演示文稿，里面有一则关于兔子的故事：老兔子向它的儿子传授经验，教它们如何满足所有小雌兔的需求，小雌兔三三两两地散布在一片田野里，老兔子的儿子就紧紧地盯着月光下雌兔白色的小尾巴。

贝特朗还拜托我弟弟米歇尔·拉叙斯帮他召集一支销售工程师队伍，其中相当一部分人来自索菲娅·安蒂波利斯应用管理学教学研究中心。

我们的业务范围很快就覆盖到了圣马丁岛，并且必须满足当地经销商日益增长的"胃口"。这些经销商一听到美国航空母舰靠岸的消息，一看到从航空母舰上下来的数以千计的美国海军，就赶紧催我，让我给他们加急发一批电话卡，最好第二天就全部交货，这样就可以让他们抓住这个意外的商机：向美国海军售卖电话卡，以便这些人在海上航行的日子里也能给家人和女友打电话。很显然，我们的经销商伙伴习惯于在最后一刻下订单，根本不考虑制作、发货、开信用证等一系列流程所必需的那一个月的时间。

而贝特朗每次都能奇迹般地将这段时间压缩至十几天。

1991 年，我们公司的业务刚刚发展到委内瑞拉，当地的运营商——委内瑞拉电信公司——表示想要购买一批电话卡。该公司是美国独立电话公司和西班牙电信公司的合资子公司。订单很快就签好了，货也发了，但是在付款环节出了问题。当时委内瑞拉国内的经济形势并不稳定，再加上美国施压，随后出台的严格的外汇管制措施给发票的清偿带来了巨大的麻烦，未付款订单数量大幅度增加。贝特朗·穆塞尔打起了十二分的精神来处理这个问题，那段时间他每个月都要乘飞机在他居住的墨西哥城和加拉加斯之间往返一次，幸运的是，他在加拉加斯有一些联系人，这些联系人对公司十分感激，因为不管怎么说公司都给他们留了一口饭吃，因而他们一直为这份欠款奔走。这样的情况一直持续了几年，直到贝特朗的前同事于贝尔·吉罗某天突然打电话给他，告诉他两百万美元的未付款终于结清了。坚持不懈最终总会得到回报的。

还有一件与委内瑞拉有关的事，那件事也书写了金普斯公司历史的新篇章。1999 年，乌戈·查韦斯刚刚当选委内瑞拉总统。这位刚刚当选的总统在正式就职之前就决定访问巴黎，拜会当时的法国总统雅克·希拉克，并提出希望与当时是金普斯公司老板的我见一面。当时我身在国外，不得不委托长子布鲁诺代为会面，他也能说一口流利的西班牙语。那次会谈的主题是推动一项关于电子身份证的计划，这种身份证也能被当作选民证使用。

1992 年，公司征服的脚步踏上了阿根廷的土地，法国电信也参股了阿根廷电信公司。当时我们参与了一项名为“塔尔苏德”的计划，该计划由退伍军人里卡多·卡瓦洛与其合伙人维克托·泰亚里奥尔共同推进，旨在向驾驶证中植入一张电子识别芯片。该项计划首先在门多萨省实行，随后推广至其他三个省份。贝特朗·穆塞尔出席了芯片生产工厂的落成典礼，这座令贝特朗叹为观止的工厂坐落在雄奇壮丽、白雪覆盖的安第斯山脉脚下。落成典礼上，站在贝特朗身边的是门多萨省长和前来为新工厂祝圣的门多萨主教。当主教一边将圣水洒向工厂的机器，一边念诵祝祷词时，贝特朗不禁心想，这样做或许真的可以保护机器免于故障。

1994 年，公司的业务拓展到了墨西哥，同以前一样，我们还是通过法国电信与墨西哥电信的合资项目得到业务。我们在墨西哥的项目达到了前所未有的规模，这一规模不大不小刚好是法国的四倍。法国本土共有 9.5 万座公用电话亭，而我们在墨西哥部署的电话亭数量则达到了 40 万座，市场规模可谓空前巨大。其实这种情况的出现有两个原因，首先是因为当地的人口密度很高，其次是因为当地安装有线电话的家庭所占比例非常低。

我曾负责过摩托罗拉在瓜达拉哈拉的工厂，因此我对墨西哥十分了解。并且西班牙语对我来说也没什么难度，我在位于法国西南部、与西班牙接壤的家乡——贝阿恩学会了这门语言。在贝阿恩，英国人非常不讨人喜欢，他们建高尔夫球场、破坏葡萄园，还在橄榄球赛中打败我们。于是，自然而然的，贝阿恩人在很小的时候就被引导学习西班牙语。

墨西哥电信公司建造电话亭的任务由四家公司共同分担，他们分别是莫奈特尔公司、斯伦贝谢公司、日本的安立公司和南非的塔尔卡公司。项目的现场管理由法国的凯捷咨询公司负责。至于电话卡的供应商，毫无悬念，是金普斯公司。但不得不承认，我们遭遇了斯伦贝谢公司这个老对手强有力的竞争，而且这一仗并不好打。不过最终，我们还是以在当地另建新工厂为条件得到了最大的市场份额。此外，合同被续签了十年这件事还被怀疑成是“朋友之间的通融”，因为墨西哥 Carso 全球电信公司（又称卡苏集团）对腐败行为十分警惕，并且管理层始终致力于根除所有行贿受贿的企图。为此，卡苏集团还刻板地按照规定，将我们已经获得的市场份额重新投入竞争。卡苏集团也就是我之前提到的，法国电信和墨西哥电信共同入股的卡洛斯·斯利姆名下的集团，卡洛斯·斯利姆的侄子埃克托尔也在集团中工作。

贝特朗·穆塞尔于 1994 年 5 月和全家一起移居墨西哥城，等工厂建好以后，电话卡就可以投入生产了。在一次去墨西哥城的时候，有人把我和贝特朗介绍给了莫雷洛斯州的州长，他还安排我们乘坐直升机在当地上空转了一圈，目的是为我们的新工厂选址。作为对我们在他们国家进行投资的回报，墨西哥方面与我们进行对接的人都不遗余力地款待我们这些外国投资者，最终我们的新厂址选在了库埃纳瓦卡市。

然而 12 月 17 日，沉睡了 70 年的波波卡特佩特火山开始喷发，几乎同时，墨西哥的金融市场也经历了前所未有的黑暗时期。我们将这一时期戏称为“龙舌兰”时期，国家经济整体遭受了直接影响，时任墨西哥经济部长海梅·塞拉·普切采取了严厉的措施以阻止比索暴跌，当时比索的贬值率高达 70% 以上。国家很快陷入了破产的境地，一些外国投资者立刻头也不回地离开了墨西哥，率先撤资的就是美国人。

出乎所有人意料的是，圣诞节前的某一天，有个男人发表公开讲话并郑重宣布：“我在墨西哥投资的所有项目都将继续实施，甚至还要加速实施，包括建设公共电话系统的项目。”这个人便是墨西哥电信公司的老板、2008 年 7 月被《福布斯》杂志评选为世界首富的卡洛斯·斯利姆。正如我们所知，在他之前的世界首富是比尔·盖茨。就这样，我们在墨西哥的工作得以持续进行。这次危机发生在贝特朗和他的家人抵达墨西哥城差不多 6 个月后，当时有段时间他们都以为自己不得不卷铺盖走人了，但卡洛斯·斯利姆的表态使得贝特朗一家得以继续他们在墨西哥城的“冒险”。实际上，他们最终在那里住了 10 年。

从那时起公司的营业额开始暴增，墨西哥市场超过法国和德国销售市场，成为世界上最大的电话卡销售市场。2000 年的时候，法国市场上销售的电话卡甚至都来自我们设在库埃纳瓦卡市的工厂。

有一次我到纽约出差，想要顺便去一趟墨西哥，见一见卡洛斯·斯利姆。敲定了会面时间之后，那天早上我在纽约中央公园的林荫道上最后跑了一次步（我非常喜欢这种锻炼方式），之后就直奔肯尼迪机场，前往墨西哥，赶赴下午5点钟的约会。到了墨西哥城之后，贝特朗到机场接机，我们直接去了金普斯公司的办公室，对面就是卡洛斯·斯利姆的住宅。他的住宅由于森严的保卫措施而被戏称为“地堡”。去他家，只需要穿过帕尔马斯大道。由于时间安排比较紧张，我们没过多久就出发前往斯利姆家了。我甚至没时间吃点东西恢复体力，而且，离开纽约后我就没怎么吃东西，所以当时我已经饿得前胸贴后背了。

接待我们的是斯利姆的妻子，她给我们端来了果汁，请我们稍稍等候一下她的丈夫。这杯果汁加剧了我本就严重的饥饿感。更糟糕的是，我当时并不知道我们要一直等到下午6点才能与斯利姆见面。

那场谈话最终由斯利姆主导，他什么都想了解，从金普斯公司可能的上市计划到移动电话新技术，即当时已经开始在欧洲应用的GSM。紧接着，他开始围绕他在建筑和金融方面的兴趣发表无休止的长篇大论，他说他计划翻新墨西哥城的市中心。至于金融方面，他经常提及他取得的财富要归功于他逆周期投资的能力，就像腓尼基人擅长将敌人抛弃的领土据为己有。

最好的机会往往都出现在不景气的时候，出现在大多数投资者放弃市场的时候，而这种时候恰恰就是卡洛斯·斯利姆能够从中获取暴利的时候。

晚上 8 点的时候，我以为该去吃晚饭了，结果我听到斯利姆向我们提议去参观他的库库尔科广场博物馆，那里藏有罗丹的作品，其重要性仅次于收藏在法国卢浮宫的罗丹作品。我们不得不等他最后一个女儿也到了才坐上前往博物馆的车。斯利姆亲自开车，派头十足，似乎也没有采取什么特别的保护措施，我们到博物馆的时候都已经是晚上 10 点了，在这种情况下博物馆不得不重新开门。所有的灯都被重新打开了，为的是让我们好好欣赏臀部饱满、圆胖丰腴、端坐于数不清的其他雕像中央的维纳斯。直到将近半夜，卡洛斯才终于发话："马克，或许你们都有些饿了吧！"这句话让我在就快饿昏过去的当口，看到了希望。于是我们这支小队伍前往不远处的一家餐厅，他们把已经下班了的餐厅主管临时叫回来，餐厅在午夜重新开门营业。此外那天没再发生什么事情，我点了一份浇了龙舌兰酒的辣酱玉米馅饼，美味多汁的菜肴缓解了我的痛苦，最终吃饱并回到酒店房间以后，我累得倒头便睡。

贝特朗·穆塞尔在此后还有更多机会继续与这位电信巨头，以及他的儿子们和他的侄子埃克托尔打交道，埃克托尔辞藻华丽但并不好懂的语言给各种价格谈判带来了不少困难。

在美国电话电报公司决定放弃当时被广泛使用的时分多址技术（TDMA）之后，墨西哥电信公司引进新的无线电话系统的决定便遇到了问题。当时卡洛斯·斯利姆面临两种选择，要么采用美国高通公司提供的码分多址技术（CDMA），要么采用 1991 年刚刚在芬兰问世的全球移动通信系统。从理论上看，码分多址技术似乎更具优势，这种技术一开始是为军事应用设计的，功能更优，网络更稳定，覆盖范围更广。而全球移动通信系统的特点则是要使用大家都熟悉的用户身份模块，即 SIM 卡，如果斯利姆选择了这种方案，对于金普斯公司来说将会是利好消息。一开始，法国电信试图以一种缺乏说服力的愚蠢方式维护本国公司的利益。贝特朗·穆塞尔觉得此事起步不利。因此当斯利姆指出，大家在这件事情上犹豫不决、含糊其词的时间已经够久了，应该选择最终方案的时候，贝特朗已经做好准备接受最坏的情况了。斯利姆用演示文稿展示了一张图表，图表分别展示了使用全球移动通信系统的诺基亚和使用码分多址技术的摩托罗拉的销售曲线。最终他宣布，他的选择是全球移动通信系统，因为他并不打算只满足市场 10% 的需求。这一决定令在场的所有人都感到惊讶。斯利姆不是一个给点面包碎屑就能满足的人，对他来说市场容量胜过其他一切考量，并且他的目标是最终抢占这一领域 50% 以上的市场份额。从此贝特朗更加勇往直前，他知道刚刚发生的事情对我们这个发家于热姆诺小镇的新兴企业来说是一次巨大的成功，并且将为我们赢得更加光明的未来。

还有一件事情也发生在墨西哥。北美自由贸易协议签署后，美国与墨西哥边境的开放催生了一系列非法买卖，因此就需要对当地车辆进行登记编目。贝特朗当时的工作就是推动一项与此目的相关的计划。这笔新生意将涉及当地 1 500 万台车辆。金普斯公司也参与了竞标，并和德勤咨询公司一道，向墨西哥负责国家现代化的商务和工业发展部提交了一份方案，该方案基于生物统计学，在智能芯片中整合了车辆所有者的指纹信息。贝特朗前往华盛顿，说服了美国的合作伙伴，在提议被采纳以后，他便开始着手部署。为此他专门创建了一家联营企业，聘请了一位墨西哥人来经营管理，因为计划得以执行的必要条件是公司的大多数股权必须要掌握在本国人手中。管理公司的墨西哥人名叫亨利·西诺雷，出生于巴尔瑟洛内特的一个家庭，他们家像其他很多想要去拉丁美洲碰碰运气的家庭一样移民到了墨西哥。通过亨利·西诺雷，我们重新联系上了推进“塔尔苏德计划”的一些阿根廷人，在门多萨省推行电子识别芯片驾驶证计划的时候，我们就和他们打过交道。金普斯公司持股20%，并且参与首批身份认证车辆的管理工作。计划很快就取得了成功，在当地提供了800个就业岗位，业务很快进入正轨。每天的黄金时段，我们还在墨西哥电视台播放广告，这一举动大大推进了项目的进展。随后，两百多万张带有整合芯片的身份证件由法国非接触芯片供应商Inside Contactless公司负责生产，该公司由一位金普斯公司前任员工创建。

对整个拉丁美洲市场的开拓，尤其是从墨西哥开始的征服，为金普斯公司在国际上的成功提供了强有力的支点，也是对公司的成功来说至关重要的一步。

这一切无疑要归功于贝特朗·穆塞尔领导的整个团队，归功于他们通过墨西哥工厂在当地市场采取的主动战略，归功于面向世界各国的销售部门，以及表现出色且专一的经销商网络。

# 灰色地带：警惕危险线

1990 年，沙特阿拉伯，利雅得

我们在西班牙的经历表明，一旦某一政治动机掺杂了经济方面的考量，就几乎无法避免地产生腐败。

我发现自己如今身处一个全新的世界，而且在这个世界里我还经常打头阵，单枪匹马，毫无庇护。这样的环境十分不友好，并且与我在过去的雇主摩托罗拉、马特拉和汤姆逊那里见识过的环境完全不一样。这些公司都有具备专业能力和丰富经验的专门团队负责处理各种情况，他们会完美地解决所有问题，包括向牵涉其中的各中间方支付可能发生的费用。

在这样的世界里，我的态度就是坚决不与那些出尔反尔、反复无常之辈有任何瓜葛，假装搞不懂他们在桌子底下做的小动作、小暗示。正是出于这种原因，我结束了和阿拉伯联合酋长国的一些不规范代理商的合作，他们可不是行得端坐得正的那种人。这些人整日与当地主要电信运营商的采购主管混迹在一起赌博，结果代理商“不知怎么的”就赢了几辆豪车。作为交换，当采购主管购买电话卡时，代理商就给他们提供优惠。他们赢到的就是那种经常被摆在大型购物中心或者候机大厅里的车。实际上这些车只是诱饵，引诱人们就算毫无获胜的希望，也要在各种博彩游戏中投下更大的赌注。

我还经历过一件事，当时我的竞争对手想要与我协商定价，被我严词拒绝了。对我来说，竞争对手就是竞争对手，就要像打橄榄球赛一样，毫不留情地、光明正大地与之抗衡。不然当年轻的销售人员发现，自己为了谈成生意付出的全部心血不过是白费力气，就像掷了一颗事先被人动过手脚的骰子时，我们公司的信誉还怎么建立得起来呢?

还有一件事情发生在20世纪90年代初，当时我前往土耳其，与这名后来的土耳其总理会谈。与我一同前往的是一位法国合作伙伴，他发明了一台使用了我们公司智能芯片的电子投票机。当时未来的土耳其总理对我们的产品表现出了极大的兴趣，并对产品带来的好处深信不疑。他对我们采用的说法是，由于国家领土的东西跨度太大，而且有许多偏远地区，所以从前收集选票通常要花掉一个星期的时间，而有了这项发明，整理投票结果可能只需要几个小时的时间。接着他突然换成母语，对他旁边的人说：“而且这样我们就能想办法宣布对我们有利的结果了！再也不需要去搞定那些塞得满满当当的投票箱了。”在这种情况下尽管市场利润非常可观，我也不打算把东西卖给他们，帮助他们去做这种事。

还是在20世纪90年代初，金普斯公司在沙特阿拉伯的利雅得建了一座工厂，与当地商会会长名下的一家公司合作，共同生产银行卡。有一次我被带到国家安全部长的办公室，向他展示我们的一款产品，这款产品有点类似微型手提电视，是我们和新闻数据网联合开发的，在这个小电视里插有一张微型计算机芯片，芯片上储存集成了大量可以通过屏幕读取的信息和图片。我花了好长时间向安全部长解释，图片是存储在芯片里的，这台机器不只是简单地把印在卡片上的图片用屏幕投影出来。最后，我不得不拿出一张表面上没有任何痕迹的空白卡片进行展示，才让他相信，图像是真的存储在芯片里面的。

这时，这一实打实的新发现让安全部长的眼睛一下子亮了起来。他说在他们国家，女性的面部照片绝对不能被印到任何一份文件上。因此这种不需要真的把照片印上去就能读取到照片的卡片简直是解决沙特阿拉伯女性身份管理问题的绝佳办法。这样女警就能使用这种没有任何图像的文件来管理女性的身份信息了。然后为了不让我听懂，他又用阿拉伯语补充说："这样我们那些带着四个女人出国，又换了四个女人带回来的不老实的同胞就再也不能使用这种伎俩了。"这可真是智能芯片令人意想不到的用处啊！

至于把可存储的重要图像和数据储存到芯片里这一点，法国可并不落后。这一次我受邀参加的，是一个由卫生领域的专家在法国召开的会议，目的是探讨技术革新。但我很不情愿参加这次会议，因为各种委员会、机构组织联合起来尝试确定未来法国的健康卡样式已经有很多年了，他们尽可能地利用一切国家可能从中受益的先进技术，然而却一直没有取得令人信服的结果。各行各业的工会（天晓得到底有多少个工会），国家代表、保险代表、信息和自由委员会的代表，甚至还有其他各种组织的代表坐在一起，花时间讨论、反对、推诿，除了在最后决定推广医保卡制度外，几乎什么决定都没做出来。实际上这个“医保卡”项目只不过是这个了不起的全体大会的“最小公分母”，只是满足了所有人最低要求的一个解决办法。这张卡片仅记录了极少的信息，并且几乎没有任何信息安全保障，也没有任何防火墙系统。因此在紧急情况下，根本不能指望通过这张卡片读取持卡者的医学影像和其他关键信息，更不可能指望这张卡片挽救生命或节约检查成本。而且卡片中也没有记录关于持卡者的过敏史及禁忌情况等信息。总而言之，这张卡根本不可能成为一张可以在诊所或医院及时更新患者信息的电子病历。实际上这张卡没有任何新功能，其中记载的信息甚至比不上一张身份证。法国卫生部长菲利普·杜斯特·布拉齐后来甚至不得不要求在医保卡上加上一张照片，以防止盗用。这张卡本来可以添加那么多的功能，却因为无休止的拖延全都没有实现，多可惜啊！就连像斯洛文尼亚和阿曼那样的小国家都知道要和金普斯公司合作开发更高效的产品。

我忍无可忍地对大会成员说了实话。我对他们说，在法国，就连小猫、小狗都能比我们的同胞得到更好的治疗和后续跟进服务，这就是严酷的事实。由于出言不逊和直言不讳，我在日后经常受到教训，但没办法，这种性格是一种比我本身更强大的东西，镌刻在我那属于巴斯克-贝阿恩人的基因里，我们永远学不会“明哲保身”，这也是我们那个地方的人身上最显著的性格特征。至于医保卡，在 20 多年后也确实取得了一点进步，不过这只是因为 20 多年后医生的办公室里都配备了一台联网的电脑，这在人们都在使用功能单一的电话上网的时代显然是不可能做到的。

尽管芯片卡的发展非常迅速，但在这个领域里，没有什么是理所当然的。比方说在金普斯公司刚刚成立两年的时候，国际新闻集团旗下的英国付费电视频道运营商——天空电视台数字频道，拒绝支付一张价值 4 300 万法郎的发票，那时年轻的金普斯公司很有可能就此破产，这对于当时还只不过是一家初创企业的金普斯公司来说，可谓一场金融灾难。

这场严重的事故我之前提起过，不过这里还是值得展开说一下，以便让大家了解事情的始末。幸运的是，金普斯团队的成员最终凭借他们的专业技能和法律严谨性证实了这是一场彻头彻尾的骗局，始作俑者是新闻数据网的人，这家公司属于鲁伯特·默多克的国际新闻集团。这场骗局的关键角色是住在特拉维夫—雅法的恶棍——迈克尔·克林杰。当时他因为通过自己主营激光设备业务的公司欺诈美国政府而被取消了居留权。随后他又因在销售电话卡时舞弊而被英国司法机关起诉，并通报给国际刑警组织。他的罪名是伪造购买电话卡的成本并将所得资金转移至多个“避税天堂”。

克林杰的履历可谓劣迹斑斑。1951 年他出生于一个匈牙利犹太家庭，后来成为美国公民，此后多次假借以色列或英国公民的身份四处行骗，他也曾用过科尼柳斯·克林杰这个名字，或克林杰－卡佩柳克这个姓氏，后者是他第二任妻子的小女儿的姓氏。在逃往以色列之前，他也曾在瑞士圣莫里茨居住过一段时间。

其实，20 世纪 70 年代，克林杰的职业生涯刚开始的时候，他做的事情十分体面，当时他是一名银行家。后来他涉足医疗领域，开办了一家主营医用激光器械的公司——远藤激光股份有限公司。很快，他的公司因涉嫌违反会计准则而受到美国证券交易委员会的调查。克林杰还被发现以伪造流水的方式虚假扩大营业额。他被处以 81 万美元的罚款，随后出逃。但针对他的司法诉讼并没有到此为止，1990 年，受骗的投资者以伪造虚假信息和舞弊的罪名向他提起集体诉讼。

纽约法院再次对他做出判决，其中一位法官表示："尽管有国际刑警组织的介入，以色列当局仍未对法院的引渡请求做出回应，克林杰仍未受到应有的惩罚。"

同时还发生了一个小插曲，这一插曲使克林杰与以色列发明家阿迪·沙米尔教授变得势不两立。阿迪·沙米尔曾发明了一套加密算法，旨在控制卫星转播频道的访问权。当时克林杰与沙米尔的魏兹曼科学研究所，以及布鲁斯·汉德马克创办的一家专门为其灰色交易掩人耳目的、名为 IDG 的公司合作，创办了一家合资企业，其中布鲁斯·汉德马克是鲁伯特·默多克在澳大利亚的合作伙伴。这几个人之间的关系迅速恶化，他们开始互相指责对方舞弊和挪用公款。

克林杰故技重施，他虚开发票，然后迅速将非法所得转移至海外账户。1995 年，他最后一次在同伙梅尔·马塔蒂亚胡的帮助下，通过菲利普·莫里斯国际公司（当今世界上第一大烟草公司）、US3 公司、卫星系统催化公司和菲尼克斯数据加密公司四家公司，将资本转移出境。芯片卡的价格翻了三倍，国际新闻集团的一位法律主管说，这一事件至少给集团造成了 1 900 万美元的损失。

克林杰仍旧为自己辩护，包括以色列当局以偷税为由起诉他的时候，不过他还是承认了部分侵吞公款的行为。作为证据，调查人员在其海外公司名下找到了价值约 400 万美元的艺术收藏品。

幸好金普斯公司的工程师证明了，克林杰用于解码的芯片卡甚至都没有装载加密算法，而新闻数据网却为这些半成品芯片卡支付了高达 1.5 英镑 / 张的费用。说到这里，到底谁才是真正的流氓，大家都已心知肚明了。

现在让我们回到最开始，也就是金普斯公司通过国际新闻集团的子公司天空电视台数字频道和新闻数据网建立联系的时候。1988 年，金普斯公司还是一个刚起步的年轻企业，我们的业务始于从法国电信那里分到的电话卡市场。在莱茵河彼岸的业务也与之类似，根据与德国联邦电信签订的协议，作为分享市场的等价交换，我们在斯图加特近郊的菲尔德施塔特建了一座工厂。当时的公司已步入正轨，并且迈出了走向世界的第一步。

德国工厂的必要设施都是从我们设在苏格兰爱丁堡附近的利文斯通的工厂里直接运过来的，这家工厂是和国际新闻集团合资创办的，属于媒体大亨鲁伯特·默多克。

这家工厂被用来生产可以访问天空电视台数字频道的解密卡，使用的是当时法国 CANAL+ 已经在使用的方法。然而出乎所有人意料的是，一场重大的事故终止了这项计划。新闻数据网负责在金普斯公司提供的芯片卡上添加加密算法。但很快，在收到第一批货以后，他们就以所谓的“质量不达标”为由，警告并唆使天空电视台数字频道拒绝支付购买 200 万张芯片卡的 4 300 万法郎。金普斯公司被勒令对此事做出解释，公司高管立刻被传唤至伦敦一家负责维护默多克集团利益的大型律师事务所。

除了顺从前往以外，我别无他法，甚至都没来得及事先准备我们的辩护。事实上这次事件所涉金额十分庞大，未付款项严重威胁到了我们这家初创公司的生存。对于此事，我们其实可以做出无可辩驳的回应。我们其实也可以收回一部分发给天空电视台数字频道的芯片卡。经过一番考察，我们惊讶地发现该公司的以色列人丝毫没有介入此事。这一发现表明，此事是一场彻头彻尾的诈骗行为，尤其是我们已经知道，他们曾经有过以 1.5 英镑 / 张的价格出卖半成品芯片卡的前科！

与我一同前往的，有汤姆逊无线电公司的法律顾问、提供芯片卡的苏格兰工厂负责人亨利·博齐亚和法国国立高等工艺学院毕业的年轻工程师雅克·塞内卡。雅克才华横溢，总是十分出色地完成工作。我们一到律师事务所，我和我的法律顾问就受到了连珠炮似的指控，这些指控怀疑我们交付的产品有质量问题。律师们说，他们的顾客觉得金普斯公司提供的是劣质商品，因此拒绝支付全部货款。

金普斯的人一时间都惊讶极了，甚至不知道该如何反驳。后来鉴定结果出来了，结果显示责任在新闻数据网一方。英国的律师们一下子愣住了，他们聚在一起交头接耳，明显坐不住了，之后他们要求暂停会议。最后他们到房间里来通知我们，他们需要一个星期的时间调查这些新出现的证据。

一周后，一切都尘埃落定了，金普斯公司将收到全部货款，但是作为条件，他们要求金普斯公司终止与他们的客户——国际新闻集团以合资企业形式达成的全部合作。生产芯片卡的设备也必须被全部撤走。

这场事故对金普斯造成的最直接的后果就是，撤走苏格兰利文斯通合资工厂的设备，然后将这些设备全部转移到位于德国菲尔德施塔特的金普斯公司自己的工厂中去，从而以最快的速度满足为德国联邦电信生产订单的产品需要。

至于国际新闻集团，故事可谓一波三折。默多克毫不犹豫地对其子公司新闻数据网提起了诉讼，要求对方赔偿其利益损失。几个涉事的关键角色之间的关系也变得紧张起来，新闻数据网的首席财务官一到特拉维夫就受到了以色列当局的监禁。

新闻数据网后来又被法国的电视运营商 CANAL+ 起诉。此次事件的主要角色是一位名叫奥利维尔·科莫林的德国黑客，他1995—2000 年曾供职于新闻数据网，后来加入了 CANAL+ 的团队，参与了该公司芯片卡项目的工作。他在这起案件中作为证人承认他之前公司的一名职员在互联网上散布了一组代码，这组代码能够破坏访问协议，帮助用户免费收看收费电视频道的内容。后来直到鲁伯特·默多克同意以超过 8 亿欧元的价格收购意大利天空卫视的一家亏损的子公司——意大利付费电视公司 Telepiu，这一事件才以撤销诉讼而告终。

在金普斯和国际新闻集团刚开始的合作中，还有一个名叫布鲁斯·汉德马克的人，他和默多克一样是澳大利亚人。当时这个投机商人试图说服我在沙特阿拉伯建厂。他告诉我他在澳大利亚阿德莱德附近有一座大农场，接着在金普斯公司和新闻数据网发生冲突以后，他又跟我说，他发现有人用电动泵通过烟囱向他那座大农场的主建筑里倒满了粪便，他怀疑是那些以色列人为了报复干的。真是奇闻，不过金普斯和我自己都不打算理会这个圈子里的事了。

# 商界风雨：一张被囫囵吞下的芯片卡

1992 年，法国，巴黎

有一次，我应法国石油巨头埃尔夫集团及其董事长洛伊克·勒弗洛什－普里让的邀请，在巴黎一间宴会厅会见了由乌兹别克斯坦总理带领的重要代表团。乌兹别克斯坦拥有丰富的石油、天然气和矿产资源，在苏联解体后他们力求实现出口业务多样化，尤其是在能源领域。相应的，法国则试图用特有的高新技术吸引对方的注意。

这里面怎能少得了芯片卡呢！

我们被招待吃了一顿味道上佳的典型法餐，现场还有手风琴伴奏的法国传统歌谣，引得法国人齐声吟唱。不过来自乌兹别克斯坦的客人似乎对此没有太大兴趣，上好的红酒和阿马尼亚克烧酒无疑更符合他们的胃口。在随后的谈话中，我们了解到洛伊克·勒弗洛什－普里让在上次访问乌兹别克斯坦时依当地传统生吞了一只羊眼。他吃完后还要求再来一个，这让他在当地名声大噪，因为这种事情似乎还是头一回：其他西方客人都中断用餐赶往厕所，以便吐出这道过分讲究的佳肴。

一同出席晚宴的还有埃尔夫集团的重量级人物阿尔弗雷德·西尔旺，他在罗纳－普朗克公司（法国最大的化工公司）与洛伊克·勒弗洛什－普里让共事时就是后者的得力干将，后于1989年加入了埃尔夫集团。

阿尔弗雷德·西尔旺是条硬汉，也是一名孜孜不倦的冒险家。24岁那年他参加了朝鲜战争，归来时身上满是勋章。他在那边出了名，因为他趁日本休军假时组织了日本史上第一起银行抢劫活动。最后日本人释放了他，让他重返战场作战……

他在埃尔夫集团负责处理敏感文件和员工薪酬发放。他在法国买下了一座城堡，在瑞士有许多银行账户，还结识了许多"手眼通天"的人物。

由于他在法国的司法纠纷不断增多，西尔旺决定和他菲律宾裔的女友逃往马尼拉避难，就此逍遥法外，过上花天酒地的生活。但他犯下了一个致命的错误，最终在行经德国时，在法兰克福机场被法国当局当场逮捕。德国发行量最大的日报《法兰克福汇报》立刻就以大字号印出了头版新闻："在这名男子面前，全欧洲的政客都会战栗。"在被捕前的最后一秒，他吞下了自己手机的SIM卡，以及卡上的一切秘密，包括姓名和电话号码！报道中还配了两张照片。

在第一张照片上，阿尔弗雷德·西尔旺在胸前举着德国警察制作的标牌，上面写着"阿尔弗雷德·西尔旺（法国逃犯），菲律宾国家调查局、国际刑警组织，2001-2-2”。

第二张照片上则是一张印有金普斯字样的 SIM 卡。

看到这里，我别提有多兴奋了！这对金普斯来说可是再好不过的广告，更重要的是，我曾与手下的一些工程师就是否要在芯片卡上印上公司标识的问题发生过争执。当我提出用激光在芯片卡上刻印金普斯品牌标识的想法时，他们称这在技术上难以实现，还以额外成本太高为理由表示反对。更令我高兴的是，斯伦贝谢和其他竞争对手因公司名字太长而没有足够的空间将其刻到手机卡的小小金色芯片上。这是我们比起竞争对手来说又一项值得称道的优势。

报道没有说明警察是怎样取出西尔旺吞下的这枚电话卡的。不过，事实显然已经证明了金普斯电话卡的可靠性：就像被藏在体内过境的毒品一样，金普斯电话卡同样在肠道内走了一圈而完好无损。我难以抑制自己兴奋的心情，将这张照片贴在了我的办公室里。

阿尔弗雷德·西尔旺和他的“头儿”最终因严重的贪污行为锒铛入狱。

# 资金需求：业务增长有赖资金的支持

1992 年 7 月，法国，罗讷河口省，热姆诺

我为寻找新的市场而继续满世界奔走。这是一场真正的冒险，充满着许多未知的因素，特别需要随机应变的能力。事实上，我的潜在客户对此所知甚少，因此我必须向他们详细介绍芯片卡这款产品，包括产品背后隐含的技术及其无限的可能性。我对潜在客户提出的各种类型的要求都会回复，但不论我倾注了多少心血，也会时不时遭受一些不可避免的挫败。不过，金普斯的列车已经开动并正在全速前进。

我清楚，为了更好地执行这一发展战略，我们必须给公司打造足够坚实的财务基础。的确，虽说在国外投资建厂产生了可观的利润，但这还是对公司的账目造成了越来越大的压力。

## 德国巨头匡特家族集团

1992 年 7 月，我们在热姆诺接待了两位分别来自巴黎和布鲁塞尔的客人。我们约定在马格德莱娜酒店见面，这是一幢很有特色的 18 世纪乡间别墅，旁边是一个有着百年历史的公园。薰衣草和橄榄树环抱着整幢别墅。四周一片寂静，酒店餐厅则以精致的普罗旺斯和地中海风味菜肴而闻名。我们的潜在客户坐在有着百年树龄的法国梧桐的树荫下，蝉鸣阵阵像是对夏天的到来欢欣不已。

我来这里会见两位想要见我的人：刚从巴黎高等师范学院毕业的年轻工程师马吕亚尼和比利时银行家——斯卡尔贝－杜邦银行的股东居伊－樊尚·德凯德雷尔。马吕亚尼来向我介绍他极其重视的“直接命令”项目。他对新近出现的芯片卡非常感兴趣，认为这在他计划推出的交易平台中能派上大用场。他的想法是建立一个虚拟的“市场”，帮助公司管理他们从接单、物流到付款在内的全套交易流程。他打算使用数字化电话信息交互式媒体 Minitel ① 实现这一功能，20 世纪 80 年代这项出色的法国技术可以说预示了之后出现的互联网的模样。为启动这项业务，马吕亚尼预计需要 60 万法郎的初始投资。德凯德雷尔打算为其提供一半的资金，但在最终决定之前，他还希望听听我这名熟悉新兴技

① Minitel 被认为是互联网出现前世界上最成功的线上服务，用户通过电话线路访问该服务，可以进行网上购物、预订车票、搜索电话簿、网络聊天等。Minitel 最早于 1978 年在法国布列塔尼地区试点推出，1982 年推广至全法国，2012 年正式退役。

术领域的企业家的意见。他同时希望我能为这名年轻的企业家提供必要的补充投资。

金普斯的工程师那时已经开发出了一款与 Minitel 配套使用的产品，这款名叫 Gemtel 盒子的读卡器可以与 Minitel 连接，保障交易安全进行。我使用了一点心理定价策略的技巧，将该产品的价格定为 199 法郎，但暂时还未找到买家。法国电信的人似乎还不相信这款设备能派上多大的用场。但要是他们能想到 20 年后电子支付将成为电子商务新世界无法回避的模式的话，就不会这么认为了。还应当提起的是，法国电信那时正在开发 Minitel 的高端版本 Magis，该版本也计划加入刷卡支付的接口。只是 Magis 不像已经投入使用的 600 万台 Minitel 设备那样免费提供给用户，结果这款产品几乎胎死腹中。

就餐期间两位来客对我赞不绝口，甚至称我是个不折不扣的天才。我被这些过誉之词弄得颇感别扭，但还是表示自己看好这位年轻工程师的新项目，认为它的前景十分广阔。不过，尽管菜肴美味可口，谈话对象优秀，交谈气氛热烈且一直伴随着这个时节的蝉鸣声，我还是在席间透露出自己的担忧。他们对我的担忧感到好奇，问我具体担心些什么。

“事实上，真正让我感到忧心的，”我回答他们说，“是我的年轻公司被来自国外的竞争者超越，我和所有员工的努力付诸东流。想想看行业巨头们，特别是日本电气、松下和三菱这几家拥有强大实力的日本企业都已经发布了自己的芯片卡样品，而且美国人在创新方面，尤其是在电子交易领域的创新方面永远不会甘于人后。”

值得庆幸的是，日本那时还没有足以消化自家产品的国内市场，而在法国和德国，由于受益于本国电信运营商的需求，芯片卡的市场十分巨大。但我也很清楚这种情况很难一直持续下去。在尖端技术领域，技术更新日新月异。

然而美国人的情况暂时有所不同。他们仍然坚持使用磁条技术，认为使用芯片不会带来什么价值。他们认为：美国几乎不存在电信诈骗，因为任何企图行骗的人都会受到严惩。他们为此感到自豪。

此外，我们很清楚的是，在臭名昭著的“非本国发明综合征”的影响下，美国人对任何没有打上“美国制造”标签的产品都持怀疑态度。他们会想：为什么要考虑使用一种由法国南部人民空想出来的技术呢？这些勇敢的“小矮人”最为著名的就是他们的懒散和《法国贩毒网》系列影片。

然而，媒体后来习惯称之为“金普斯事件”的剧情正是从这一时刻开始上演的。在意识到本国芯片卡行业的落后状况和巨大的技术差距后，美国人选择以不那么正当的手段将这种技术据为己有，具体而言就是盗版和强行收购。正是从这些行为中，我们依稀看出德太投资集团后来使用的策略的雏形。我们将在本书后面的章节讨论这一悲剧性的事件。

那时，我的目标客户是位于明尼苏达州明尼阿波利斯的美国公司 Datacard。这家公司是磁条式支付卡编码以及凸印压制领域的全球领导者。磁条式支付卡在美国历史上的使用非常普遍，而凸印压制系统则能在卡片上以浮凸字体显示卡号、有效期限和持有人姓名等信息。这也是印制复写纸的必要工序，那时商店中还在使用这种古老的技术，还因此有了“熨熨斗”的俗称。

我已经尝试与该公司取得联系，以期在两家企业之间建立合作伙伴关系。我们将结合彼此的技术，打开巨大而诱人的美国市场的大门。据我了解，他们的团队正在研究芯片卡，以生产法国市场需要的特定机器。打开美国市场的想法让我在几年后受到了德太投资集团那蛊惑人心的言论的诱惑，他们十分擅长“弹奏”合我胃口的“爵士乐”……

不幸的是，我首次去 Datacard 公司进行现场访问时就遭到了明显的鄙视，被视为一名法国“二等公民”。当时，明尼阿波利斯市正遭受着前所未有的寒潮侵袭。温度降至零下 40 摄氏度以下。在这种天气条件下，机场必须采取极端措施。在我抵达后不久，即宣告关闭，飞机不再起降，居民被要求留在家中。汽车发动机要一刻不停地运转，否则柴油就会冻成冰，发动机就再也无法发动了。我在旅馆的房间里看着电视，只见记者将一杯热茶洒向空中，热茶瞬间变成了冰雾。我正是在这种极地般的天气里走进了 Datacard 公司的办公室。他们的首席执行官态度倨傲，我彻底受到了鄙夷，他甚至不肯请我坐下来谈话。不过需要说明一下，我的谈话对象——这位首席执行官对人对己一视同仁，他自己正遭受背痛的困扰，习惯于站立工作。

我向这两位客人讲述着这段不幸的经历。当他们听到 Datacard 公司的名字时，德凯德雷尔立刻摆脱了夏季酷热引起的昏沉状态，激动道：

“Datacard？可 Datacard 马上要由匡特家族接手了。他们正在收购股权，掌控这家公司。”

“匡特？”我问道，“匡特是谁？”

德凯德雷尔告诉我，匡特家族是德国知名的工业世家，掌握着许多公司，宝马汽车不过是其中一家。

“看来我得帮助您跟我的朋友哈索·冯·法尔肯豪森取得联系，”他跟我说，“这人是匡特家族的亲信，也正是他在负责 Datacard 的事务。我们曾在麦肯锡咨询公司共事，一直保持着非常不错的关系。我会和他联系，让他和您见面。”

就这样，六天后我接到了哈索·冯·法尔肯豪森的电话。他正在从法兰克福飞往明尼阿波利斯的途中，他将在巴黎戴高乐机场停留，希望能够在那里同我见面。

在机场大厅里，我见到了这名举止高傲、穿着讲究、作风刚健的男人。我们彼此做了简单的自我介绍，然后他跟我介绍了正在进行的收购情况。他所代表的匡特集团已经持有美国惠尔丰公司 30% 的股份了，该公司在电子支付终端领域领先世界。目前，他们意在入股 Datacard，接管这家公司的制卡业务以及在费城的工厂。他向我展示了用于完成收购而准备的将近 3 000 页的文件。

我则向他介绍了金普斯的业务活动。那时，我已经在思考下一步该采取怎样的行动来击败行业巨头，扩大我们对他们的优势。为此，我需要新的想法，特别是需要结成联盟，与合作伙伴协同发展，通过引入重量级合作伙伴的资本来巩固我们的财务基础。

之后，他将我们的谈话内容转达给了他的上司匡特家族。他已经看到了我们合作的潜力，这项合作可以巩固我们各自的地位。

但这个匡特家族到底是什么来头？匡特这个名字实际上并不为大众所熟知，而这是有原因的。这家德国工业巨头的小圈子信守审慎低调的原则。这个家族的继承者纷纷避开了媒体和记者。背后原因何在？

为解释这个问题，我们有必要向上追溯几代人，从布料制造商埃米尔·匡特的儿子京特·匡特说起。

埃米尔·匡特生于一个制造航海缆绳的工匠家庭，娶了德雷格家的女儿为妻。他的岳父在勃兰登堡州的德雷格兄弟布料厂生意兴隆，将他引入了当地的资本家圈子。

正是在这种环境下，年轻的京特·匡特成长了起来，并找到了自己的道路。在接受了必要的职业培训之后，他加入家族企业，开始了最初的任职。他的资产逐步增加，到第一次世界大战前夕，他已先后拥有了德雷格兄弟布料厂和弗里德里希·保罗制造商的不少股份，在公司中担任最高职位。

战争开始后，他又管理了为德军提供军服布料的主要供应商帝国织物股份公司。战后，他接受年轻的魏玛共和国任命在经济部任职，专门负责纺织业相关事务。

他的第一任妻子安东妮·埃瓦尔德在为他生下两个儿子赫尔穆特和赫伯特后，于 1918 年染上西班牙流感逝世。

1921 年，时年 40 岁的京特迎娶了比他小 21 岁的玛格达·贝伦德，后者很快生下了小哈拉尔德。

在两次世界大战之间，京特组建了自己的公司，将它与之前的公司合并为德雷格－保罗－韦格纳手工工场。同时，他投资了钾肥行业，最重要的是他还成为巨头柏林－哈根蓄电池生产股份公司的最大股东，也就是今天欧洲最大的干电池和蓄电池制造商瓦尔塔公司的前身。在那个战火纷飞的年代，这家公司投身军事领域，为各种军用器械的生产提供电力，例如二战期间，为坦克生产和著名的 U 型潜艇生产提供电力。

有必要解释一下京特是怎样控制这家公司的。他为尽可能扩大自身影响力进行了十分激烈的斗争。得益于政治靠山，京特成功地将莱昂·拉瓦尔排挤出局，并抢走了后者岳父亨利·图多尔在卢森堡开创的事业——图多尔蓄电池公司。可怜的拉瓦尔被安上间谍罪名投入监狱，就此声名狼藉，这就为机会主义者京特·匡特敞开了大门。

京特的第二段婚姻于 1929 年宣告结束，之后玛格达嫁给了纳粹分子、后来的宣传部长约瑟夫·戈培尔，后者同时收养了年轻的哈拉尔德。

阿道夫·希特勒担任了证婚人。这对夫妇与元首关系密切，圣诞节总是在希特勒位于贝希特斯加登的“鹰巢”中度过。戈培尔直到最后一刻都始终陪伴在希特勒的身边，1945 年 5 月 1 日，因德军溃败被困总理府地下室的戈培尔毒死了自己的六个孩子，随后选择自杀。报纸当时评论称，他这样做，是为了避免落入苏联人手中而遭受羞辱或被他们惩处。

玛格达在首段婚姻中生下的哈拉尔德·匡特在纳粹德国空军

中担任中尉，他曾被盟军俘虏并成功逃脱，之后在利比亚的班加西再次被英国人俘虏。他的母亲在自杀前写信通知了他这一悲剧。她在信中向他吐露了真实情况："因此，你可能是能够维持家族血脉的最后一人。"

1933 年，刚刚出任总理一职的希特勒深知要想实现他的扩张主义目标，就必须依赖本国工业企业家的协作，因此同他们举行了秘密会议，就像埃里克·维亚尔在他那本曾获 2017 年龚古尔文学奖的小说《议程》中描写的 1933 年 2 月 20 日的会议那样。京特·匡特受邀出席，以 2636406 的会员编号加入了纳粹党。他与纳粹德国的联系日益密切起来，被授予了"军工生产商"的称号，该头衔专门授予那些生产国防必需武器的工业企业家。

这群工业企业家非常慷慨地向德国国家社会主义工人党（更通常的称呼是"纳粹党"或"德国国家社会主义党"）进行了多次巨额捐款，在 1933 年 3 月 5 日魏玛共和国举行的德国联邦选举期间尤其如此。希特勒的"纳粹党"最终以 43.91% 的压倒性优势轻松取胜，由此获得了建立独裁政权所需的一切权力。

为了更好地说服这些重要人物（包括古斯塔夫·克虏伯在内的一些人二话不说就捐了数以百万计的德国马克）捐款，希特勒呼吁结束政府以往羸弱的状态，消除日益增长的共产主义威胁（共产主义势力此后确实土崩瓦解），解散工会，以便让每名老板都能成为公司真正的"元首"。

后来，约翰娜·匡特延续了支持德国当权者的这项传统。约翰娜·匡特是赫尔穆特·科尔领导的德国基督教民主联盟的坚定支持者，在 1998 年大选中为后者的竞选活动捐赠了高达 1 000 万马克的资金。

多种原因让匡特家族在二战期间取得了长足的发展。他们受益于为德国军队提供物资所签订的巨额合同。但最重要的是，集中营囚犯提供的几近免费和取之不尽的劳动力为他们节省了大笔金钱，帮他们积累起了财富。工厂全速运转需要大量的劳动力，而德国政府在这方面从不吝啬，总是整车整车地向他们运送劳工。

同父异母的哈拉尔德和赫伯特两兄弟开始与父亲京特一起工作。赫伯特后来成了人事和生产主管，因此是他负责向纳粹当局提出补充劳工的要求。

亲历者把这称作十足的奴隶市场。工作条件恶劣到难以形容，人的尊严被彻底践踏。在生产电池的过程中需要使用有害材料，工厂没有为此采取任何卫生或保护措施。

柏林－哈根蓄电池生产股份公司与党卫军[①]签订了一份有利的合同，合同计划另辟土地建立与集中营相似的机构。这些机构共计收留过 1 500 名囚犯，其中许多人丧命于此。数百名被监禁的犹太人在该集团的其他几家工厂中遭遇了同样可怕的命运。但这项交易被毫无顾虑且厚颜无耻地继续了下来，因为合同规定，一旦有人死去，就会立即派人填补空缺……

幸存者“希腊人塔基斯”描述了他在这里经历过的地狱般的生活，他们经常会遭到毫不留情的鞭打，他和同伴甚至因为缺少

① 党卫军是德国纳粹党中用于执行治安勤务的编制之一。

饮用水而不得不去喝抽水马桶中的水。

今天，对匡特家族的后代来说，这段历史已经被完全掩藏起来了。匡特家族没有人觉得应该为此负责。他们完全拒斥任何承认罪行的想法，也不打算进行任何形式的赔偿。遭受过严重的身体和心理伤害的受害者又受到了侮辱性的最后一击。

实际上，京特在纽伦堡审判期间神奇地逃脱了法律的制裁。与此同时，其他工业家族，例如著名的大炮商克虏伯以及煤炭和钢铁领域的工业巨头弗利克财团，则因其不良行径被判有罪并锒铛入狱，他们的工业资产也被没收，主要交由德意志银行接管。

究竟发生了什么，才让京特得以逍遥法外？总检察长本杰明·费伦茨在他主持的审判中，对京特提出了如下指控：

——侵占他人财产罪

——危害人类罪

——共谋虐待罪

然而，京特·匡特被认为只不过是纳粹分子的“同情者”，因此他成功地为自己洗刷了罪名。

一系列事件促成了这种结果。首先，证据从未被移交给法院。因此，京特自认处境安全，毫不犹豫地为自己辩护，甚至将自己定位成了受害者。而他的保护人为阻止检察官进一步展开调查而给后者安上了所谓的同性恋罪名，将检察官排除在审判之外。

无论对他的指责有多么严重，在经济利益面前，一切都显得微不足道。同盟国惦记起了德国可以为己所用的工业资本。他们将工厂视作战利品，将其征用来服务于自己的利益。英国授权重开这些工厂。匡特家族的产业自然不可能被绕过，自此再也没人能动得了他们了。

一名可靠的外国情报人士后来告诉我，京特得到豁免是因为CIA打算利用他在民主德国宝贵的联络网。但最重要的是，他手下制造V-2导弹等的科学家已经逃到了埃及，正在为贾迈勒·阿卜杜勒·纳赛尔效力，他们正在建立一座足以威胁邻国以色列的军火库。

就这样，原则与良心被抛却，诉讼被束之高阁，赫伯特得以接管公司，京特则退居幕后安享晚年，直到1954年12月30日，他在开罗意外去世。2010—2011年，我前面提到过的德太投资集团的联合创始人庞德文正是在这座城市离奇地拜访了穆斯林兄弟会（以下简称穆兄会）的代表海拉特·沙特尔。实际上，穆兄会的真正目的在于掌控国家政权，为此不惜采取一切手段，包括与以色列保持非正式往来，与有影响力的美国商人开展合作，以及对伊斯兰法规进行少许调整。他们希望表现得宽厚，帮助穆罕默德·穆尔西摆脱经济不景气的困境，并帮助他巩固权力。

匡特家族在二战期间大发战争横财，积攒起的这些财富帮助他们收购了梅赛德斯－奔驰的部分股份。在意识到获得公司控制权并不容易后，他们转向宝马，于20世纪60年代前后完成了收购。今天他们仍是宝马最大的股东，持有近一半的股权。

由于拥有在汽车领域的资产，以及在化工、房地产和珠宝行业的其他资产，匡特家族曾位列《福布斯》全球富豪榜第77位。

1982年赫伯特去世后，他的第三任妻子约翰娜掌管了这个业已建立起来的帝国。

约翰娜孤僻、勤勉、审慎，住在巴特洪堡防御严密的别墅中。她的财富引来了其他人的垂涎。1978 年，一个由 14 名累犯组成的团伙绑架了她和女儿苏珊娜·克拉腾，并索要约合将近 1 亿法郎的赎金。打那以后，苏珊娜和她的弟弟斯特凡就一直在两支保镖团队的保护下生活。

正是他们在 1997 年 5 月接管了家族企业，并在亲信哈索·冯·法尔肯豪森的推荐下决定收购金普斯 20% 的股份。为此，匡特家族一方面注入了资金，另一方面向我们转让了 Datacard 的芯片卡业务，包括转交位于美国费城附近的一座工厂。

我的梦想会成真吗？现在金普斯的一只脚踏上了美国的土地。我的梦想将要成真！我不再关心匡特家族的过去。

匡特家族有四位代表特别勤勉地参与金普斯的董事会，包括斯特凡·匡特及其亲信哈索·冯·法尔肯豪森，还有波尔克和登克两位博士。苏珊娜·克拉腾则在热姆诺露面过几次，表明匡特家族非常重视金普斯的业务。

斯特凡·匡特和我在阿塔拉酒店的谈判进展得很顺利，我的顾问艾伦·格林的姐姐拥有这家酒店。后来当我得知这里其实是摩萨德（以色列情报和特殊使命局）特工的活动场所时，才明白我们的会谈只是相对保密而已，谈话内容早已引起了“金普斯行动”的相关各方，特别是 CIA 的兴趣。

只有从巴黎乔治五世大街，前往以海鲜新鲜度和质量而闻名的“马里于斯和雅内特”餐厅的途中，我们的谈话内容才算是严格保密的。在这段时间，我得以更好地观察斯特凡。在漫长的继承程序结束后，他掌握了 25.83% 的股份，成为宝马公司的头号股东，他成功跻身德国最富有的人之列。斯特凡的股份加上他姐姐苏珊娜的股份，现在宝马公司 46%的股份由匡特家族控制。斯特凡性情内向，情感不轻易外露。在路过著名的野马俱乐部门口时，我意外发现他显得有些不自在。此外，他也非常厌恶盲目消费。他跟我说，他对自己那辆小型两门宝马汽车一直很满意，但他还是决定换一辆宽敞的四门宝马轿车，以便在邀请母亲和姐姐去餐厅时让她们坐得更舒适些。他还告诉我，他没有向现居中国香港的英国女友提供过任何物质上的帮助。而且，由于女友是英国航空公司的空乘，他都不必为往返香港的机票付钱。甚至，当他应邀到位于新加坡的金普斯科技（亚洲）公司董事长家赴晚宴时，他都没有给准备晚餐的女主人送花——他实在是过于“慷慨大方”了！

“9・11”事件发生后的第二天，我在离开阿塔拉酒店的大厅时目睹了难忘的一幕。一名女性顾客向在场的人表示，以色列人因为他们的母国在巴勒斯坦的土地上实行的政策遭到了报应。突然，一个男人站了起来，对这番讲话表示了强烈的愤怒，摆出一副咄咄逼人的架势。我意外得知，他正是以色列驻联合国大使。在阿塔拉酒店，这群受人尊敬的主顾受到了摩萨德的悉心保护。

## 达索飞机制造公司登场

就在 1997 年，金普斯一名内部人士曾这样表示：“刚刚起步时，我们必须依赖于金融合作伙伴，但如今，我们已经足够成熟，可以转而与可靠、友善且有着长期共同战略利益的企业家开展合作。”三年前，随着德国工业巨头匡特家族的入股，金普斯提出了这项发展战略。而今，金普斯必须要找到新的增长机遇，从新合作伙伴的技术进步中受益，并最终实现股权国际化，以便更好地打入海外市场。

我坚信自己必须沿着这条道路前进，吸引潜在的重要经济参与者。因此，我积极为公司代言，不放过任何机会来强调公司取得的杰出成就以及光明的增长前景。我强调，产品的创新性、工程师具备的专业知识及相对于竞争对手的技术优势，都是我们强大的保障。我还会援引那些选择信任我们的知名客户（如法国电信和德国联邦电信）作为我们可靠的例证。

就这样，在爱丽舍宫（当时是雅克·希拉克任总统）举行的一次活动上，一位名叫迪迪埃·隆巴尔的电信工程师过来与我攀谈，并对我表现出了特别的兴趣。我很快意识到这人水平不低。事实上，他是位出色的技术专家、经济学博士，曾参与过法国首批电信卫星的调试工作。之后，他先后担任法国研究部的科学处主任及法国经济部的工业战略总干事，最终，他在几年后执掌法国电信。

我们之间的交流进展得非常迅速，迪迪埃·隆巴尔立刻就明白了金普斯正面临的挑战。他为我们指出了三个重要问题：公司的发展，特别是在海外的扩张需要大量资金；全球移动通信系统标准的实施将为公司提供广阔的应用前景；前期股东急于取得巨额回报。由于当时不是上市时机，解决方案只能是吸引新的投资者加入。

这次会面影响深远，头一个结果就是我们与文莱建立了联系。文莱那时正通过文莱投资局寻找在法国高科技领域的投资机会。投资局代表希望在马来西亚、印度尼西亚和阿联酋等地推广和传播他们的高科技能力。这次交谈也成了我们与达索家族建立起特别联系的起源。

事实上，达索家族长期以来非常接近爱丽舍宫的核心，雅克·希拉克曾一度希求在达索飞机制造公司中担任职务，而达索家族的发展历程也一直与权力的内幕紧密相连。此外，达索家族还有着世代从政的传统，家族中不乏市长、国民议会议员甚至参议员。

达索家族也希望获得从莱昂·布鲁姆、夏尔·戴高乐、弗朗索瓦·密特朗到雅克·希拉克在内的当权者的照顾。无论政治人物属于哪个派别，他们一律慷慨相待且保持密切联系，没有让任何人感到不快。记者卡特琳·奈回忆称，她在入职达索家族所属的《法兰西时代》季刊时，曾得到马塞尔·达索这样的指示：

“我知道您擅长针砭时弊、讽刺现状，但在这里，您得学着对右翼保持和蔼态度，对其他人也不要显得刻薄。”正因如此，马塞尔·达索创立的达索集团才顺利渡过了法国的社会与政治风雨。

必须指出，受当权者政治取向的影响，达索公司的发展也不是一帆风顺的。1981 年左翼上台执政后，达索集团甚至面临着被国有化的风险，还曾一度被列入相关公司的名单。多亏马塞尔·达索的亲信、弗朗索瓦·密特朗的童年玩伴皮埃尔·德·贝努维尔从中周旋，最终，达索集团被认为对国防具有至关重要的战略意义，才没被收归国有。集团仅需向国家出让26%的资本。

马塞尔·达索生前十分关心雅克·希拉克，对他视如己出，但后者并未对马塞尔之子塞尔日·达索表现出同样的关心，而是试图与其保持一定距离。希拉克做出了巨大的努力，试图将法国国家航空宇航公司和达索飞机制造公司合并成一家顶尖的航空集团。为此，国家持有的达索集团股份被转让给了法国国家航空宇航公司，因此，达索集团重新取得了私有公司的地位。[①] 事实上，雅克·希拉克刚进入政坛时深受马塞尔·达索的提携，马塞尔·达索时任国民议会议员，常常在当时政府掌权者的耳边提醒，他希望能让年轻的雅克担任分管民用航空安全调查局的国务秘书。

言归正传。在我和达索家族建立联系，且得到法国当局支持后不久，我前往“香榭丽舍－马塞尔·达索”环岛，在达索集团设在香榭丽舍大街低处[②] 的公司总部与他们会面。当我开着那租来的寒酸小车被允许通过大门，进入这个声名卓著的地方时，我不由感到一阵激动。我注意到大厅里摆放着由马塞尔设计的闻名遐迩的“闪电”木制螺旋桨。第一次世界大战期间，法国最著名的王牌飞行员乔治·吉内梅驾驶的斯帕德Ⅶ战斗机就配备这种螺旋桨。从乔治·吉内梅的53场胜仗到后来的阵风战斗机，“闪电”螺旋桨的历史不可谓不长久！

---

① 但两家公司的合并事宜因国民议会解散而未能完成。

② 香榭丽舍大街地势西北高东南低，故有此说。

达索不动产金融公司的代表、达索家族的蒂埃里·达索负责协议的谈判，希望达索能拥有金普斯 9% 的股份。蒂埃里·达索表示，达索自动化与通信公司需要金普斯来弥补他们在电子银行业务和支付系统领域的不足。金普斯则希望依靠合作伙伴在航空、电子、电信、信息技术和程序仿真领域的占比优势巩固公司高度重视的业务技术优势。

之后，特别是 1998 年末的假期，我有机会和达索家族的人再度碰面，包括在一些私人场合。我的职业生活实在过于充实，我很少有可以自由支配的时间。1998 年末，我终于有机会在瓜德罗普岛上享受几天家庭假日。那些天，我是在圣弗朗索瓦的梅里迪恩酒店度过的，同行的还有我的妻子、孩子、父亲、母亲、弟弟和弟妹。大家都知道，我们拉叙斯家族传统上非常倾向左翼。在小学担任教师一职的父母让左翼倾向在家族中扎下了根，而我可能是全家仅有的稍稍偏离这一立场的人。的确，有我这样一名致富在望的儿子，根深蒂固的信念多多少少也会被动摇。不过，每个人都享受着日光沐浴与椰树荫蔽的假日时光。我们并不孤单，在海滩上有可能遇到歌手阿兰·苏雄，而社会党的前总理洛朗·法比尤斯就坐在附近的桌子旁用早餐，他面前摆着文件。我的父亲很想趁此机会与他谈谈政治，但可能觉得自己的政治高度不够而感到紧张，他没敢立刻付诸行动，而是过了很长时间才上前与之攀谈，以一句有力的问候向对方致意：“您好，同志！”

每天清晨，我习惯先慢跑，再一头扎进碧绿的加勒比海畅游。我跑步的路线经过酒店背后的大型高尔夫球场。一天，我在球穴区看到了一个熟悉的身影，但他身着马球衫和鲜艳的百慕大短裤，让我觉得自己一定是认错人了。然而，那人确实是塞尔日·达索。他独自一人在球场上，拉着他的高尔夫球包车，并邀请我加入他的行列。不熟悉高尔夫的我只好谢绝了他，而当他提议一同去深海游钓时我再次婉拒，因为这会让我离开家人太久。不过，我们最终约定在那天共进午餐，因为塞尔日独自前来无人陪伴，在隔壁的酒店感到有些孤单。就这样，这名无所不能的老板、全法国财富排行榜第五位的塞尔日在将高尔夫球鞋换成一双漂亮的人字拖之后，就加入了我们拉叙斯家族的小团体。

有人可能会觉得背景视野差异如此之大的人聚在一起，恐怕会出现文化上的不和或产生一些争论。但我们宛如身处画境般身心舒畅：餐厅布局考究，信风温暖舒适，椰子树上长尾小鹦鹉和鹩哥的歌唱悦耳动听，沙滩上有海涛阵阵，这时，身着民族裙装、笑容甜美的安的列斯姑娘送来味道鲜美的烤鱼和烤龙虾，塞尔日按照惯例偷偷塞给了她们几张钞票以示感谢。谈话氛围和谐，塞尔日的谦虚有礼、毫不做作、友善待人，很快就吸引了我们这些资本主义制度的强烈反对者，包括家庭中信念最坚定的成员。双方都非常喜欢友好的谈话氛围，谈论起各自家族的起源、经历和生活地区。塞尔日提起了由他父亲马塞尔创建的达索集团的历史，以及达索工厂生产的著名飞机“幻影”“阵风”和“猎鹰”。

在此，我插入一句，早在金普斯创立前，当我还在马特拉公司工作的时候，我就得到过达索电子公司的支持，他们试图说服英特尔将微处理器架构集成到芯片卡中，可惜他们未能成功。那时，美国人一如既往地坚定捍卫他们老旧的磁条系统，芯片卡根本不受他们的重视。此外，我还想指出，塞尔日本人提交的电子钱包专利也未能面世，很可能是因为受到了莫雷诺芯片卡的阻碍。午餐时，他并未像往常那样惜字如金，而是用友好的话语营造了融洽的氛围，让这次会面长久地留在了每个人的记忆中。

2002 年，塞尔日之子蒂埃里·达索成为金普斯董事会的一员（我们之后还会谈到金普斯董事会），他表现得积极、敏锐且始终如一的忠诚。特别是在美国的德太投资集团入股金普斯这件不祥之事发生时，他表达了自己的疑虑与不安，并毫不犹豫地同这些新来者展开了正面交锋。意识到美国人的真正意图没有那么简单时，他毫不掩饰地展现出了自己的经济爱国主义。通过在达索的历练，他熟悉了与经济间谍相关的活动，还同法国情报部门和经济情报界建立起了密切的关系。美国人一度试图哄骗蒂埃里入伙，2003 年 12 月，美国人决定分给他一万份股权，甚至不经他同意就将期权授予了他。这次确实是过分了，决裂已然不可避免。终于，在 2005 年 4 月 27 日卢森堡的皇家酒店内举行的金普斯国际公司全会上，宣布他被排除在董事会之外。就这样，法国人失去了抵抗美国人的最后力量。① 我们将在后面更详细地谈及此事……

面对这一不可更改的决定，蒂埃里·达索宣称："问题根本不在于我个人被解雇，而在于公司内最后一名法国代表被彻底排

① 2000 年德太投资集团入股金普斯后，金普斯的创始成员先后离去，马克·拉叙斯最终也在 2002 年 12 月召开的公司全会前离开了董事会。

除在外。我不后悔自己曾干扰过某些股东对董事会和管理层的实际控制权。”

那天在酒店大厅里，CANAL+ 的一名记者正在录制《星期一调查》节目，主题是“欧洲与美国之间的秘密经济战”。他首先走到庞德文跟前，询问他未来是否仍将执掌德太投资集团。庞德文生硬地说不会。记者没有善罢甘休，追问庞德文在他的投资资金与 CIA 之间是否存在某种联系。作为回应，庞德文抄起一个挎包，猛地砸向摄影机。采访就这样结束了，但这其中蕴含的信息要比一次长时间的演讲还多。我们之后还会再谈到这一点……

## 可靠且合理划分的股权结构

在新千年到来之际，我非常高兴地意识到金普斯有可靠的合作伙伴提供资金支持，能够支持其未来的发展。

欧洲从来不乏实力雄厚且受人尊敬的工业企业家，他们自然在金普斯中占有重要地位。几名创始人的分布很平衡，而在股权分配计划的激励下，公司员工也加入了这场冒险活动。

金普斯中的亚洲面孔同样引人注目。除文莱之外，新加坡经济发展局也通过祥峰投资控股公司占有一席之地。（日本）国际电话电报公司和日本电报电话公司这两家电信巨头也投资了金普斯，希望加入采用了全球移动通信系统标准的移动电话领域的发展潮流中来。此时，这一标准已被全世界采用，只有美国和与之亲密的日本除外。

那时，我们的合作伙伴中还缺少中国的身影，但中国很快就会在其中扮演重要的角色，而且这位伙伴非常和善。

在那段时间，除通用电气通过通用电气资本公司（以下简称通用资本）持有极少数股份外，美国人几乎在金普斯的股东中完全缺位。这是因为美国人过去极其依赖磁条卡，对芯片卡始终不信任。

然而，金普斯终将引起美国人的兴趣，但不幸的是这种兴趣与商业活动毫无关联。这些家伙借口移动网络和金普斯的芯片卡可以在全球范围内开展间谍活动，进行了一系列破坏。

# 进取精神：一支与领导者并肩作战的团队

20 世纪 90 年代，金普斯总部

## 金普斯丰富多彩的活动

金普斯的发展使我们可以上九天揽月，一路驶向星辰大海。

激励着我和同事们的是始终前进的强烈愿望，就像当初我在橄榄球场上那样奋勇向前。在企业的赛场上，我们总是以集体的力量取得胜利。因此，我一直特别重视我的队友——企业的全体员工。

招聘工作随着企业业务的增长在稳步进行，每份应聘请求都会得到我们最认真的对待。鉴于人力资源部门平均每周都会收到数百份求职申请，我确立了系统性回复每名应聘者的原则。法国失业率很高，金普斯又远近驰名，所以，有这么多的求职请求并不让人意外。

如果必须为金普斯的成功找到一个解释，那答案毫无疑问要从金普斯面向国际的策略中去寻找。金普斯甚至将国际化策略当成了自己的“宗教仪式”。以自己过去的经历为参照，我很快就意识到法国市场实在太小了。公司设立之初就制定了向世界各地扩张的目标。公司的营业厅和营销处如雨后春笋般在世界各地涌现，与各国同行同台竞技。金普斯有自己的撒手锏。只要条件允许，我们就会申请在东道国开办工厂。我们与当地决策者紧密合作，在促进当地就业与带动经济增长方面发挥了巨大的作用。因此金普斯得以在激烈的竞争中保持遥遥领先的地位。而且，我们知道怎样最大限度地借用橄榄球的战术，在竞争对手的防线中撕开一个“豁口”，由此冲向得分区。

我认为在公司内部组织各国分部召开交流会意义重大，虽说管理层中有人因花费不菲而表示反对，但我每年还是会想尽一切办法来组织这项活动。公司会在这些名副其实的大型年会上表彰各分部团队所做的工作与取得的成果。我愿意给他们必要的荣誉，为此，我特意为他们挑选了那些梦幻般的目的地。我们先后前往了瓜德罗普岛、欧洲迪士尼乐园、伊斯坦布尔、加勒比海的圣马丁岛、摩洛哥的马拉喀什、南非的太阳城以及墨西哥的坎昆岛。公司年会无疑在 1997 年的曼谷达到了高潮。那时，泰国正处在经济危机之中，他们以十分诱人的价格为我们这些宾客提供了最好的场所。甚至，当我们的大巴车在市区行驶时，该国专门对首都实行了交通管制。在金普斯之前，只有国家元首才有权享受这种待遇。

受邀参加国际交流会的有分销商伙伴、主要客户、与金普斯有生意往来的国家的政府代表、公司内部的联络和营销部门成员，当然，还有分布在世界各地的年轻销售工程师。年会上唯一缺少的是工厂的员工，每每念及此处，我都会感到深深的愧疚。

公司还会组织一些其他促进员工友好关系的节庆活动。公司内凝聚着的进取精神，以及有机会在这支成功团队中发挥作用的人们表现出的强烈自豪感，无不打动着每一位进入公司的员工。

当我陪同客户一道参观生产线时，最让我感到愉快的是操作员会笑脸相迎，充满活力地向我们详细介绍她们正专心从事的工作。我认识这些女工中资历最深的几位，并可以叫出她们的名字。对于新来的员工，我会使用过去在美国摩托罗拉工作时学到的窍门。在摩托罗拉，员工佩戴的胸卡上会写明姓名，隔着几米远的距离就能看清。这确实帮了我不小的忙。在工厂内，维修团队穿着绿色工装，操作员和技术人员则穿着白色工装，二者相映成趣。无尘室中的操作员着浅蓝色工装、一般检验和安全管控人员着深蓝色服装。我们还专门给访客预备了橙色服装。由浅至深的颜色荟萃一堂，展示了一种真正的团队精神。每个人都知道自己扮演的角色并努力做出自己的贡献。

我们的工厂吸引了媒体的目光。有一天，法国电视二台的工作人员过来拍摄，向我夸赞，金普斯的工作场所非常干净，特别是闪闪发亮的地板，“甚至可以在地上用餐”。清洁对高科技产品的生产至关重要。生产时，再小的灰尘也不能出现，车间需要保持密闭。

我是个喜欢开玩笑的人。有那么一段时间，我忘记了摄像机的存在，我告诉电视二台的工作人员，刚才说的那些都是小意思，我还想请他们确认一下“茅房”是不是同样干净。我说，“茅房”和电话接待是评价一家公司水准的两项最重要的指标。他们的镜头还在我让人张贴的小海报上停留了片刻，上面印着阿尔弗雷德·德·缪塞写给他的情人乔治·桑的诗作《小地方》，用来提醒大家注意爱护车间环境。

这期访谈节目在国内引起了广泛的关注。节目播出后，一所国际管理学院的教授打电话称赞了我，还说他把我的故事当作案例讲给了学生。公司内部有一位名叫保罗·卡斯泰罗的清洁工业余时间喜欢写诗，他后来不时与我分享几句诗文。唯一扫兴的是我的母亲。她在电视上看到了这期节目，小学教师的职业习惯让她惊叹“茅房”这个词的不雅，她说拉叙斯家族的人决不能使用这样一个词。我认识到了错误，欣然接受了批评。妈妈永远是对的！

节庆活动是金普斯内部文化不可或缺的一部分。每年，全体员工都受邀参加各类戏剧演出和动画制作。许多活动都铭刻在了我们的记忆中。例如，公司曾举办过模仿戛纳电影节的比赛。在一家专业传媒公司的技术指导下，我们拍摄了22部电影，那次电影的竞争非常激烈。新加坡团队制作的两部影片特别引人注目：一部影片中，员工身着中国传统服饰玩着法式滚球；另一部是马塞尔·帕尼奥尔著名的《纸牌游戏》的翻版，片尾，演员们说着普罗旺斯和马赛的方言。参赛者被我们特意租借的豪华汽车送到红毯前，他们的伴侣也受邀一同出席颁奖仪式。我所在的摄制小组的灵感来自著名的“库斯托船长”，我们租借了一艘外号“小杏仁蛋糕”的军舰。这部影片旨在宣传环保。在影片末尾，那些醉酒的海员将空啤酒瓶扔出船外。而这些酒瓶恰好落在建有我们研究中心的拉西奥塔港湾。

金普斯也不缺少音乐活动，在一次令人难忘的演出中，美国工厂的经理贾斯廷·丹吉洛在 2 000 多人面前演唱了一首非常动听的歌曲，就是因电影《福禄双霸天》而出名的卡布·卡洛韦的《米妮公主》。在接受了一名来自马赛市区北部的年轻人的特别指导后，我和一群秘书进行了说唱表演。我还跟人力资源主管西尔薇·布吕内联袂演唱了一组爵士乐歌曲，她饰演埃拉·菲茨杰拉德，我则扮作路易斯·阿姆斯特朗。

体育不能不提，它是我生命中不可或缺的一部分。我是金普斯长跑队的一员，我们团队曾多次参加马赛至卡西斯的长跑比赛。这段总长 20 公里的路途十分困难，我们还要翻越一座海拔 327 米的山。最优秀的选手能够在一小时内完成比赛，足见比赛水准之高。

自 1979 年创建以来，这项比赛获得了广泛认可，名声也超出了我们的疆界。每年 10 月最后一个星期日，大约 15 000 名参赛者聚在马赛的韦洛德罗姆体育场附近等待出发，由于等待的时间较长，偶尔会引起拥挤推搡。通常情况下，至少要等待一个小时才能出发。而每年的这个时候常常特别寒冷。参赛者只好在米什莱大街两旁的人行道上跺脚取暖，身上披着厚厚的衣服。发令枪一响，他们把衣服往地上一扔，就冲向前方。我们团队在参加纽约马拉松比赛时，情况也是这样，大量的衣服被扔在韦拉扎诺海峡大桥上，而缺衣少食的流浪汉就会高高兴兴地捡起来穿在自己身上。

以后，再参加比赛时，员工就把垃圾袋剪个口套在身上，虽然不性感，但很保暖。

比赛开始时，每个人都试图挤到队伍靠前的位置，以取得更好的名次。由于这一现象反复出现，金普斯的工程师便萌生了一个大幅改进现有设施的想法。对公司而言，这是一个员工展示创新能力的绝佳机会。

克里斯托夫·卢塞尔向我提议开发一套射频识别天线系统，它将被安装在参加 1997 年 10 月长跑比赛运动员的鞋子上。这套系统将会提高自动计时系统的可靠性和精准度。更重要的是，借助这套系统，参赛者一越过终点线就能知道自己的排名，而不必看第二天《普罗旺斯报》公布的结果。

金普斯立刻就对这项新技术进行了宣传，同时不忘告知大家公司董事长将亲自参加即将到来的比赛。

为成功交付一款能引起所有人关注和赞扬的产品，开发团队承受的压力逐渐增大。头几次试验均告失败，在离决定命运之日还剩三周时，系统仍然不能正常运转。已经打算听天由命的克里斯托夫让我做好心理准备，同时，他自己做好了准备接受我的训斥。若是比赛当天系统失灵，招来参赛者和组织方的愤怒和挖苦，后果确实不堪设想。

我的回应从来都出乎他的意料，这次也不例外。我说，我们将面对的最糟糕的情况不过是，当人群越过设在卡西斯港口的终点线时，我们为躲避大家的谴责而跳到海中避险，将“长跑”变成“铁人两项”！

直到今日，克里斯托夫还会谈起这段经历，说这让他后来的管理生涯受益颇多。那天的经历使他明白，当团队成员被消极情绪和恐惧感控制时，领导者的宽心话语和亲切关怀能够帮助大家克服困难取得成功。从那时起，这个想法就一直伴随着他。他离开金普斯后创立了塔格希公司。该公司专注于开发射频识别的基础结构，用于追踪能够通过无线通信连接上的对象。

金普斯的比赛项目还有艰苦的铁人三项。无论从哪种意义上说，这都是项了不起的竞赛。首先，参赛者要在拉西奥塔的海水中游 800 米，之后，骑行 25 公里，越过令人生畏的昂日山口来到热姆诺，最后，在一片松林中奔跑 6 公里抵达终点。那段路十分陡峭，就连经验最丰富的老将跑下来，踝关节也会有些吃不消。

最初，让 - 皮埃尔 · 科纳克领导的竞赛组委会不同意我参加全部三个项目。他们担心我的健康状况。因此，我和两个儿子接力参赛，我只参与中间的骑行部分。但第二年我 60 岁时又参加了一次，这次我独自一人完成了全部三个项目。当我完成比赛后发现自己领先于一组接力完赛的队伍，而他们的年龄加起来还没我大的时候，我是多么开心呀！就是这样的逸事让我在公司里出了名。

最后，我还在公司成立五周年之际策划过一场超级长跑比赛作为必不可少的庆祝活动，路线的两端分别是我们在德国菲尔德施塔特的工厂和在法国热姆诺的总部，全长 1 070 公里，取道乡间公路，将参赛者一路引向与瑞士毗邻的边境。比赛日夜兼程，12 名参赛者由我亲自打头轮流接力，每人负责奔跑 10~15 公里。这次行程充满了意外，比如说队伍中曾有几名成员深夜在德国一侧的黑林山中迷了路，又比如提供后勤服务的野营车一度与选手完全失联。毕竟“智能手机”那时尚未面世。还有一点值得一提的波折是，参赛队伍比预料的提前一天抵达了目的地，只好在附近的旅舍安顿下来避人耳目，以便在原本预计抵达的那天越过终点线，接受人群热烈并且饱含钦佩的欢呼。

## 世界尽头的灯塔

接下来要谈的是金普斯发展历程中的另一个重要事件，这件事发生在一次去澳大利亚的重要旅程中。澳大利亚这个国家对金普斯来说是个特殊的存在，因为澳大利亚是世界上人均使用芯片卡最多的国家。我在这次旅程中拜访了我们的客户和分销商伙伴，当然还有公司在悉尼和墨尔本的营业厅。

在参观悉尼港一家航海用品专卖店时，我从一本小册子中获悉，一位曾多次乘坐帆船完成环球航行的法国航海家正在准备一个项目。在美洲大陆最南端那令人生畏的合恩角附近有座阿根廷的小岛，他计划将岛上的一座灯塔和位于法国大西洋沿岸拉罗谢尔港口的一座完全相同的灯塔同时点亮，以庆祝公元 2000 年的到来。19 世纪 50 年代时阿根廷人曾建造过一座灯塔，大师儒勒·凡尔纳的作品则使其闻名遐迩。这名航海家的队伍计划以阿根廷的这座灯塔为原型，在拉罗谢尔修建一座完全相同的“世界尽头岛屿”的灯塔。但有两个问题尚待解决。首先要在法国建造灯塔，需要事先获得资金支持；其次还得派遣一个小组前往“世界尽头”，修复阿根廷这座依靠光伏电池供电但已经出现照明系统故障的灯塔，并在 1999 年 12 月 31 日跨入 2000 年 1 月 1 日的夜晚成功点亮。

我奇迹般地按时找到了建造法国灯塔必需的资金和后勤保障资源。接下来要做的就是在金普斯内部组建一支队伍，在我们的航海探险家安德烈·布龙纳的领导下前往南半球环境恶劣的陆地和海洋，修复“世界尽头的灯塔”，并在 2000 年跨年夜将它与它在法国的双胞胎兄弟同时点亮。为此，我们还得搭建无线电通信、卫星电话和电视信号设备，以便直播这次活动。这在法国公众中肯定会大受欢迎，而对金普斯来说这不啻一次绝佳的广告机会。此外，所有这一切都是严格使用可再生能源实现的：帆船、小型风力发电机以及太阳能板。我们那时就在谈论可再生能源了，要知道这可是发生在 20 多年前的事！

因此，组建这支将外出航海约两个星期的队伍的任务就交给了我们的特遣队队长。他要找到体格健壮、经验丰富、熟悉大海的队员，因为我们需要越过那神话般的合恩角。不过，我提出了三个条件：队员大多数要是金普斯的员工，队伍中要有适当数量的女性成员，以及每个大洲都应有自己相应的代表。就这样，这支队伍最后由一名德国男性、一名美国男性、一名法国女医生、几名有不同背景的男女雇员、一名男性记者以及我们在北京办公室的一名中国女性雇员组成。

由于不久前阿根廷和英国在这片海域爆发过严重的武装冲突，我们多少会有一些军事上的担忧，但我们的队伍进展顺利。我和妻子也在其中。一切都井井有条：灯塔的照明设备已经修好，电话和电视卫星通信没有问题，有技艺精湛的男女大厨做伴，我们还有幸品尝到不少上好的阿根廷葡萄酒。我带来了我母亲特意为我们准备的香槟和法国鹅肝。一切准备就绪，就等着开心迎接万众瞩目的2000年跨年夜了！

除此之外，我们还享受着这个地区因靠近南极洲而特有的气候。

不幸的是，法国那边却没有同样的好运气。从法国传来了一条可怕的消息。12月27日，法国遭到一场史无前例的飓风侵袭，损失惨重，共有96人丧生，而我们在拉罗谢尔的灯塔自然也被彻底摧毁了。世界颠倒了！我们为这片世界上环境相对恶劣的地区的最坏情况做好了准备，没承想最糟糕的事情却发生在了法国。

别提我们的团队成员有多失望了，我们只好穿越合恩角进入太平洋，抵达乌斯怀亚后乘飞机返回各自的国家。尽管最后失败了，但我们的确经历了一次伟大的冒险，至少我们曾让所有的员工都满怀期待。①

① 法文版《芯片陷阱》用一整章讲述了这段故事的细节，章名为“追寻儒勒·凡尔纳的足迹”。

当美国最终决定采用芯片卡时，这幅美好的图景还能继续下去吗？显然不能。我们曾如此希望拿下美国市场，但这个国家的领导人却选择了一种截然相反的战略，限制金普斯的发展，质疑金普斯的成就，甚至怀疑金普斯的独立性。这就是我在本书后续部分想要表达的重点。

对金普斯采取的行动得手后，克林顿总统曾自豪地展示了一块印有美国国徽的金普斯芯片卡，对外发出了一个明确无误的信号。他后来还被拍到与南美洲某国元首签署协议，而保障协议条文安全性的芯片卡读写器 Gemtel 同样是“金普斯制造”。

在这种情况下，即便我对上层社会的光环并不怎么热衷，金普斯取得的经济成就与技术成就的名声还是让聚光灯对准了我们。这终于引起了美国人的注意，他们相信能轻而易举地打败这些小“法国佬”。

哪怕到了现在，每当我回想起这件事的来龙去脉，仍能体会到一种永恒的苦涩，口中不由地哼唱起法国歌手乔治·布拉桑的唱段来：

我离群索居远离城市广场，
那儿静谧而适合默想，隐秘又有田园风光……
我拒绝偿清荣耀的代价，
宁愿像睡鼠一样卧在月桂枝丫。
意见明智的人让我知道，
我得向普通人一切报告，

而为着不让自己被彻底忘记，
我竟得暴露我全部的小秘密。

名气
的小号，
您的调子
真可笑！

# 雨终虹现：以惊人的速度持续发展

1995 年，法国，巴黎

没有人能对金普斯的惊人发展无动于衷。赞美与批评接踵而至，说明公司引发的钦佩或是嫉妒情绪是何等强烈。

在法国，大家更习惯于简单地批评，而不是提出建设性的意见，甚至懒得尝试着理解我们。

《费加罗报》经济板块上刊载过一篇长文，作者打着保护法语的旗号，对我们这家年轻的普罗旺斯公司普遍使用英语的做法表示反对。但这名作者没有花心思进行调查，他恐怕不知道在公司热姆诺总部工作的员工来自 16 个不同的国家，而且 90% 的业务和利润都与出口相关。他还忽视了这样一个事实：公司在国外雇用的员工多数都是法国人，而研发部门则只在法国设立。他可能也不知道我反感在法语中夹带英语词汇，讨厌这种面目可憎的混合体。我倡导同事以加拿大的魁北克人为榜样，他们在说某个东西时总能够找到合适的法语单词，哪怕是最专业的术语。还有，对英语动词做法语变位是最让我无法忍受的！

但是，被一家热衷于自诩为法兰西独特思想捍卫者的媒体的“纸上涂鸦的能手”（就像莫里哀在其剧作《女学究》中称呼的那样）在其专栏中撰文诋毁，可能就是出名要付出的代价。

在另一些场合，我们的竞争对手和不少媒体则将矛头指向了我个人，对我进行了激烈批评。1996 年，在一个有关芯片卡市场的座谈会上，我预测全球仅 SIM 卡就可以达到 2 100 万张的市场容量。我的言论立马招致各路“专家”的强烈批评。别人认为我不过是个来自法国南部的马赛人，试图制造些“嗡嗡声”来吸引听众的注意。但 12 个月后，1997 年仅金普斯一家企业就售出了 2 000 万张 SIM 卡，而这只占市场总量的 1/3 多一点。这一结果让那些卡珊德拉式的预言家哑口无言。

于是，后来国内外举行的不少座谈会常邀请我作为嘉宾发表演讲。我被认为能够预测技术发展的方向和市场走向而受到了大家的欢迎。

我相信，我的发言受到了各方听众的一致期待和赞扬。

座谈会上我常常与竞争对手——巨头斯伦贝谢公司的芯片卡部门主管先后发言，他唯一会做的就是些无聊乏味的幻灯片演示，炫耀自己公司的业绩，同时将竞争对手贬得一文不值。这时我总是试着说笑，说我们像是矮子坐在了巨人旁边，我们像是坐在教室最后靠近煤炉取暖的坏学生，但我们芯片卡的销量是他们的两倍多！

此外，我总会充满激情地去介绍主要技术趋势和全新应用，而这正是听众期望听到的。

多年以后的 2009 年 11 月，在一场有关物联网未来走向的研讨会上，我无比自豪地发现，发给参会者的手册中引用了 ISM 研究机构 2008 年末的一项研究作为导言。这项研究证实了我在 20 世纪 90 年代初做出的预测：有一天，芯片卡的销量将和地球上的人口数量一样多。研究表明这一天已经到来了！文章还引用了作家勒内·巴雅韦尔在 1968 年出版的著名预言作品《漫漫长夜》中的内容，在书中设想的社会里每名居民都戴着一个联网的物品,里面有一系列受到保护的个人信息。我们著名的“发明家”罗兰·莫雷诺正是从这本书中得到启发的。

在国内外，我们公司在以惊人的速度持续发展，招聘工作的增长速度也与之相称。全体员工士气高涨。由于不断有年轻人加入我们的队伍，公司员工的平均年龄一直维持在 30 岁以下。我们这家初创企业迎来了起飞期，同时保留了敏捷的特点。我总结了几句恰到好处的话来激励员工保持这种心态，比如说宣扬快速反应能力的这一句：我们向一切移动的目标射击。如果目标不够好，我们就立刻停下，停下一切！

但我并不会就此忘记我所接受的大学教育，我也支持与工程师学院合作进行研究工作。有一天我接到了雅克·莱温的电话，他是一名出色的研究员，同时也以初创企业创始人的身份为人所知。他在巴黎高等物理化工学院任科学部主任，与学院内的两名诺贝尔物理学奖得主——1991 年获奖的皮埃尔－吉勒·德热纳和 1992 年获奖的乔治·夏帕克合作密切。莱温及其团队已经申请了

1 000 多项专利，帮助创办了多家初创企业，包括为多家电信运营商和互联网服务提供商开发多媒体网关的 Inventel。他还与业务遍及法国内外的“城市公共设施之王”让 – 克洛德 · 德高合作，为随处可见的公共汽车候车亭（德高集团正是以此发了大财）提供了信息化和无线电广播信号连接的服务。于是，我在雅克 · 莱温的陪同下拜访了德高集团在巴黎近郊普莱西尔的公司总部。那是个神奇的地方，德高集团所有产品的开发和展示都在那里完成。院墙内的一栋旧建筑被改建成了乡村旅馆，我们在那里共享了一顿美味的午餐。我们在午餐期间讨论了各种技术方案，例如为公共汽车站提供一种电子支付手段。我对此有所保留。我很难理解芯片卡系统可以给乘客带来什么好处。在我看来，人们真正需要的是一款便携式的小型阅读器，不太昂贵却能实时告知乘客信息，但最大的问题是这样一款产品得能放进用户的口袋或手提包里。如今，装有各类应用程序的智能手机已经实现了这种功能，但那时还没有被开发出来。要等到 2019 年，普罗旺斯地区艾克斯才会在其“艾克斯快线”电动公交线路启动之际配备预充式公交卡，乘客只需要在公交车的机器上简单一刷就能扣费。

后来我和让 – 克洛德 · 德高又在巴黎见过几次面，考虑到我家乡的缘故，他常常邀我去巴黎最好的巴斯克餐厅就餐。他拜托我向热姆诺地区的市长分发印有德高集团标志的雨伞，以此给他做推广。红色的雨伞给左翼市长，如欧巴涅市长让 · 塔尔迪托；蓝色的雨伞给右翼市长，如热姆诺市长阿尔贝 · 吉拉尔迪。

我尽最大努力完成了这项任务，同时也为我的父母预留了一把红色的雨伞。众所周知，我父母的左翼倾向十分坚定，哪怕他们的儿子马克选择了“资本家”生涯，成了金普斯的“头儿”。

让－克洛德·德高和我都是处女座，而随着交流的深入，我们发现各自身上还有着不少共同之处。我们在同一年出生，我们都热爱自行车运动，喜欢钓鳟鱼。此外，我们还有一个很少被提起的共同点，那就是我们俩都拒绝了荣誉军团勋章。我们都认为自己不配接受这一法国最高荣誉军团的勋章，我们更不愿意加入那些名不副实的勋章获得者的大军。

我们的这种自豪感在法国未必会被欣赏……

03

第三章

# 上及天穹，下至地狱

# 跻身顶尖企业的行列

20 世纪 90 年代，金普斯总部

告别了初创企业的阶段，金普斯现在已经是一家中型公司[①]，公司受到的约束也与先前不相同。一切都发生了变化，公司的结构、组织和管理方法尤其如此。

金普斯过去就像是一个大家庭，但这种家庭精神显然不再能适应新的挑战。对那些过去投资这家年轻普罗旺斯公司的投资者来说，收获的时刻已经到了。他们中的很多人渴望就此退出，收回自己的初始投资以及可观的利润。因此，上市看来是条合适的路，这样不少人就能如愿出售自己的股权。面对这样一个崭新的世界，面对向我们提出的许多请求、建议和警告，我们感到有些无助。

我们可以从国外的重要投资者那里获得雄厚的资本。实际上，

① 在法国，中型公司是指雇员人数为 250~4 999，年营业额低于 15 亿欧元的企业。

为我们提供资金支持的投资者来自各个国家。当然有法国和欧洲的投资者，亚洲投资者同样在列。不过，美国股东所占比重仍然很低，只有通用资本一家持有微不足道的股份。那么，为什么不将寻找潜在合作伙伴的努力转向美国呢？

在此期间，我继续充满热情地募集投资资金，但这产生的最大的影响就是延缓了我们上市的进程。通过股权投资或直接收购来实现外部增长的发展途径也被提上了议事日程，我们看中的收购对象包括芯片卡支付终端的全球领导者——银捷尼科公司。

为此，我们和法国以及欧洲的一些投资者进行了接触，以推进这一战略的实施。

另外，为了免遭法国税收规定引起的损失，我不得不飞往英国，选择在那里定居，否则我就得缴纳比我工资高得多的巨额税款，因而不得不逐渐出售我的股份。我可不希望出现类似情况。税收的计算方式极其武断，更何况他们还要将我从未变现过的钱给算进去。讽刺的是，如果我拥有 25% 的资本，这笔钱就会被视为我的劳动工具,因而我不必支付任何费用。但我“只有”19% 的资本，就必须缴纳税款。在法国，唯有富人能够享受税款豁免待遇。法国这项愚蠢的规定可以说是“自杀式”的，因为它迫使许多法国企业家离开了自己的祖国。

居住在英国，我无法近距离地参与到公司的日常管理中去。

在伦敦办公，我和热姆诺总部之间很难再保持直接的沟通。一次去巴黎时，我偶然从我的外部财务顾问艾伦·格林那里得知，非常著名的美国德太投资集团曾多次提出过合作意向，他们愿意向金普斯投资大量资金。他们曾到访热姆诺并受到了管理层的接待，但我对此毫不知情。格林同时告诉我，通用资本和匡特集团的代表都赞成德太投资集团入股。于是，这家投资公司包括埃布尔·哈尔彭在内的两名代表曾两次到访热姆诺，受到了达尼埃尔·勒加尔团队的接待。但埃布尔·哈尔彭他们万分惊讶于勒加尔团队没有给他们任何回复。得知自己一直被蒙在鼓里，我感到非常愤怒，我决定采取一些行动。我认为，这项合作非常值得关注，因为此时我们还没和美洲大陆真正开展过合作。况且两个主要股东都支持此事。这个从天而降的机遇可以让我们光明正大地进入美国市场，我相信这是天意。

接下来要做的就是进一步了解情况——探明德太投资集团究竟是何方神圣。我和他们驻伦敦代表的第一次会面地点选在了热姆诺。代表团全体成员身着严谨的深色西装抵达，他们列队前进的场景宛如黑白幻灯片在滑动。他们很自豪地介绍自己来自美国以严谨著称的贝恩咨询公司。他们说他们决不会有过于繁复的装点，也不使用彩色的演示幻灯片。我们很快发现，他们对我们公司种种微不足道的细节了如指掌，这应该是他们上次访问期间探听到的。现在他们只需要完成最后一步，也就是说服我，因为我有最终的决定权，我会评判与他们合作是否合适，是否值得。

他们对金普斯占领的市场份额和取得的业绩已经有了详尽的了解。他们说金普斯给他们留下了深刻的印象，提议让德太投资集团入股金普斯，称这可以为我们带来无与伦比的“火力”，也可以让我们公司的发展速度再上一个台阶。他们说他们的贡献将是双重的，既可以为我们注入大量的资本，又可以提升我们在美国市场的地位。他们还说，他们可以为金普斯在纽约证券交易所上市提供巨大的帮助。锦上添花的是，他们还和美国政府关系密切，这将有助于金普斯拿下美国政府这个重要的客户。我们可以进入希拉里·克林顿无法涉足的医疗领域，而他们的老板庞德文自诩在该领域有特殊关系。1993 年，希拉里在丈夫——新当选总统比尔·克林顿的委托下，主持通过了《健康保障法》的改革，推进了美国公民人手一张医保卡的进程，促进了社会保障系统的电子化管理。

他们还提到，美国 50 个州计划将对 2 亿张“驾驶证”①进行电子化，这里蕴含着巨大的商机。我轻轻松松就能计算出高级卡的市场容量。相关设备的需求同样可观，首先是安装在全美医疗和社会保障中心的金普斯专用读卡器，其次是医生和卫生专家所需的设备。这些销售总额将达到数十亿美元，这是芯片卡头一次在庞大的美国市场迎来如此重要的机遇。值得补充说明的是，我们的主要竞争对手布尔和斯伦贝谢曾先后尝试打开美国市场，但都没能成功，铩羽而归。他们曾为推广银行卡和电话卡付出了巨大的努力，但美国运营商始终举棋不定。美国从磁条时代过渡到电子芯片时代，经历了数十年的时间。

德太投资集团为我们描述的前景看起来是那么的光明与诱人，我们很快在他们位于伦敦的欧洲总部举行了一次会面。在外

① 驾驶证在美国非常普遍，被作为身份证件广泛使用，故这里有将医保卡与驾驶证相结合的说法。

部财务顾问艾伦·格林的协助下，我下定决心自己主导这件事情。

我们在会议桌旁列出了几种可能的合作形式。看起来没有什么特别的困难能够阻碍这一项目的进展，双方的合作看起来进行得非常顺利。由于金普斯尚未上市，因此我们的全部股权都掌握在帮助公司成长的股东们手里。德太投资集团提出要注入大量资金，同时提供必要的后勤保障，以便时机成熟时让公司在纽约证券交易所公开募股上市。

有了可观的资本，金普斯将会发展得更加顺风顺水。我过去一直担心没有足够的资金支持我们的发展，帮助我们实施并购计划，这种担忧如今已不复存在。我现在要做的就是说服公司的现有股东同意这样大体量投资者的加入，我认为不会有什么问题。特别是德太投资集团已经和通用资本建立了盟友关系。自第二次世界大战结束以来，匡特家族也一直与美国人保持着密切的联系，现在也已经同意合作了。事实上，匡特家族还曾向艾伦·格林抱怨热姆诺总部的管理层没有好好接待德太投资集团的到访者，尤其是未经仔细考虑就一口回绝了他们的合作请求。

不过，这对避免金普斯集团的业务决策出现重大失误来说还是很有必要的。所以，我们决定不能一开始就满足德太投资集团的所有要求，而将他们的股权限制在33%以下，这样，他们就无法改变经2/3以上多数同意的公司决策。他们同意入股26%。之后，我们需要协商出一个让所有股东都能接受的入股价格。

此后为了敲定最终的合作事宜，双方又举行了两次会谈。

首先是金普斯最大的股东匡特家族和德太投资集团在德国举

行了会谈，随后是我本人和庞德文在美国进行了会谈。

艾伦·格林与由埃布尔·哈尔彭领导的德太投资代表团之间的关系很快变得亲近甚至默契起来。他们有着共同的文化和相近的年龄，谈话中不时会插入一些典型的美国式谈话和笑话。

匡特家族与德太投资集团的会面在法兰克福附近巴特洪堡的温泉疗养区举行，匡特集团的总部就坐落在那里。这是座名副其实的地堡，深藏在风景优美、树木丛生的花园正中。双方在机场见面。德太投资集团这边派出的是埃布尔·哈尔彭，与他同来的是他的一名美国同事。艾伦·格林则由我们的老相识、银行家居伊－樊尚·德凯德雷尔陪同，就是他最初介绍我认识了匡特集团的代表哈索·冯·法尔肯豪森。

匡特集团总部大楼外的围墙庄严而肃穆。我们一行人抵达后受到了匡特家族代表哈索·冯·法尔肯豪森博士、波尔克博士和登克博士那日耳曼式，或者不如说是“匡特式”一丝不苟的接待。与会者迅速依次做了自我介绍，明确了这次会议的目标。

作为开场白，埃布尔·哈尔彭直截了当地开始了他那华丽的表演，他这个角色确实让人印象深刻。他体型几近肥胖，总是从头到脚穿着一身黑，可能想借此让他的身材显得瘦一些。他在致辞的同时还不时地鼓动一下肚皮，这倒是有助于缓和气氛。他着重介绍了德太投资集团的业绩和能力，以此强调金普斯及其股东可以从中获得巨大好处，他在讲话的过程中还不停做出一些使人信服的手势。他可真是个伟大的艺术家！

波尔克博士最终以一句让人震惊的话打断了哈尔彭的致辞。

“噢，哈尔彭先生，谢谢您！您的做派活像个犹太屠夫！”

随之而来的是一阵沉默，与会者惊讶地交换了几个眼神，勉强挤出了几丝微笑。我完全被搞糊涂了，只见哈尔彭点了点头，又赶忙继续他的讲话，就好像什么都没发生一样。

会议继续进行，屏幕上显示着德太投资集团包括庞德文（戴维·邦德曼）和他的整个管理团队在内的组织结构图。这一次插话的是登克博士，他在满是犹太名字的成员名单中看到比尔·普赖斯的名字后打断了他。

“噢，我明白了，哈尔彭先生，德太投资集团里并非所有人都是犹太人！”①

登克博士是面带微笑插话的，或许他只是想幽默一下，不过这确实说明德太投资集团的绝大多数成员都是犹太教的信徒。

这次打断没有引起太大的反应。不过，与会者之间的目光交流变得更加频繁了，更何况德太投资集团的两名参会代表以及艾伦·格林都是犹太人！考虑到匡特家族传统上有着清教徒的谨慎，特别是考虑到第二次世界大战时他们家族的所作所为，这些言论确实会让人感到惊讶。

但不管怎样，会谈的主角似乎都并未在意这件事，讨论最终以匡特集团代表的发言告终，他们表示只要条件谈妥，非常愿意让德太资本入股金普斯。

因此，德太投资集团的代表承诺会在公司下一次董事会上为

① 埃布尔和戴维都是希伯来圣经《塔纳赫》中的人物，基督新教称作亚伯和大卫。

此说项。一杯茶水恰到好处地结束了这次会议，与会者钻入两辆出租车中，前往法兰克福机场。

在机场大厅，德太投资集团的代表爆发了一阵难以抑制的傻笑。他们当然圆满完成了任务，但我们那两位“博士先生”的插话让他们的笑停不下来。

他们对匡特家族的行为感到大惑不解，无法就此给出合理的解释。我们知道，匡特家族的先祖京特·匡特曾与纳粹暗中勾结，他的第二任妻子与其离异后和戈培尔结婚，而正是戈培尔造成了德国匡特家族工厂中数百名犹太人的死亡。

我们都很难理解这种“中学生式”的幽默，我们法国的两大著名喜剧演员科吕什和德普罗热可不会开这种玩笑。这件出人意料的趣事的后续是，德太投资集团和艾伦·格林在之后的多次电话交流里不时开玩笑说“我想和犹太屠夫通话”或“接电话的是犹太屠夫吗”。这说明，不论这样的国际金融交易有多么重要，大家未必总是严肃的。的确，一旦涉及金普斯，一切皆有可能。

现在轮到我去庞德文在科罗拉多州怀尔德卡特牧场的住处拜访了，我们的会谈将为这场谈判画下句号。这名亿万富翁的庄严住所坐落在科罗拉多州的阿斯彭，是栋占地 14 000 平方米的巨型木屋，设有 11 间客房。木屋顶上是裸露在外的房梁，由长达 25 米的整根树干构成，材质是加利福尼亚著名的红杉木。在露台上，可以欣赏到被白雪覆盖的落基山脉，以及它在山脚下湖泊中的倒影。我是被一架私人喷气式飞机从旧金山接到这里的，享受的是王室般的待遇。

实际上，我对庞德文的过去和他的性格不太了解，我对他也几乎没有兴趣。在我看来，他就是一名典型的美国商人，他的唯一信条就是通过在硅谷的各种投机活动无节制地攫取巨额利润。他曾经是一名嬉皮士，职业生涯始于 20 世纪 70 年代的凯寿律师事务所，专门负责与安全和情报有关的敏感事务。他还以与 CIA 联系紧密而著称。在 CIA，他以出众的谈判技巧和拥有制订税收计划的才干而闻名，谈判和税收成了他最为偏爱的领域。他还被认为是研究阿拉伯国家的专家。他曾前往埃及和突尼斯城攻读伊斯兰法律，出版过一本著作——《伊斯兰法律现代化和伊斯兰法律观念的转变》。拥有犹太文化背景的他在几个阿拉伯国家（特别是在埃及）的活动都是在为美国和以色列服务，这一点是众所周知的。2012 年 11 月初时，他不是在开罗会见穆兄会代表海拉特・沙特尔时传达了美国高层的支持，表示美国试图将时任总统穆罕默德・穆尔西从经济溃败的困境中拯救出来吗？最奇怪甚至近乎自相矛盾的一件事，莫过于穆兄会完全清楚庞德文是以色列最坚定的支持者。实际上，穆兄会的动力在于继续执掌政权，哪怕这意味着要与以色列及其“美国大使”进行和解。

在进入商界后，他与合伙人一道创建了德太投资集团，首次亮相就引起了专家的注意。他购入了美国大陆航空公司价值 6 600 万美元的股份，而这项投资几年后产生了大约 6.4 亿美元的利润。他就此一战成名，也因此可以采取更多的行动。之后，德太投资集团先后控制了多家公司，包括瑞安航空、杜卡迪、汉堡王、比亚乔，以及多家半导体生产商。这可以说明他为什么会突然对金普斯产生兴趣。他在商业上的不餍足很快让德太投资集团拥有了超过 200 亿美元的资产。他的手法被证明非常有效：先控制公司，再重振经营状况，最后以高价转手他人，获取极其可观的利润。

很快,他成了亿万富翁。他曾以 26 亿美元的财富被《福布斯》杂志评为全球第 595 位富豪。他用资产来满足自己最疯狂的激情和最狂野的愿望。60 岁生日时，他为自己举办了一场滚石乐队的私人音乐会，据说他为此投入了 650 万 ~1 000 万美元。甚至，他在拉斯维加斯两座最豪华的酒店间搭建了一座天桥，以便他的客人避开好奇的人群。70 岁生日时，甲壳虫乐队成员保罗·麦卡特尼在 1 000 多名来客前为他表演，让他赚足了面子。这些事情被美国媒体广泛报道。这些报道往往暗含讽刺，因为美国媒体特别喜欢花边新闻，他们不会放过任何一个机会来曝光本国亿万富翁的狂妄怪诞行为。

偶尔他也会遇到麻烦。公司的重组常常突如其来，不时造成一些损失，有时甚至会导致大量员工被解雇。2005 年 4 月 4 日的一篇报道揭露了德太投资集团业务经营中若干滥用权力的行为，以及由此产生的一些伦理问题。在安然集团破产的消息登上媒体头条之际，德太投资集团收购安然集团旗下子公司波特兰通用电气的做法在俄勒冈州激起了民愤。德太投资集团企图强行接管该公司，结果在全美各地引发了异乎寻常的大规模示威活动，许多利益受损的客户也加入抗议大军，最终，当地政府严正否决了德太投资集团的收购请求。德太投资集团的代表被视为厚颜无耻的“强盗贵族”，被看作“来自得克萨斯的不法之徒”。庞德文后来雇用的一名高管——波特兰市的前市长尼尔·戈尔德施密特，则遭到了严厉的性侵犯的指控：他被控曾与照顾他孩子、当时年仅14岁的保姆有过9个月的亲密关系。2017年6月14日，在优步公司董事会的一次会议上，庞德文因发表被认为有性别歧视色彩的言论而被迫辞职。他在评论女性加入董事会时这样说：“实际上，这只会让董事会变得更加饶舌而已。”而在“Me too”（我也是）运动在“山姆大叔”的国度兴起之际，这种言论来得实在不是时候。

但所有这一切我当时并不清楚，或者说我无法事先预料到……

当时，这名东道主表现出的人际交往能力给我留下了深刻的印象，我完全没料到此后会上演的剧情。在我面前的是一位50多岁、身材修长的高个子男人。他面部表情稍显僵硬，目光却很有生气；衣着十分普通，穿着他在任何场合下都会穿的标志性淡粉色袜子。谈话氛围轻松、积极而友好。桌面上摆着各式小蛋糕和奶酪。庞德文对我不吝溢美之词，称极为钦佩我那堪称典范的企业家生涯。

庞德文表示非常高兴能和金普斯达成交易。与此同时，他将魅力攻势提升到了最高级别。他自豪地带我参观他的府邸，将他年轻的妻子介绍给我，他还夸耀地说他能和自己年幼的儿子在阿斯彭白雪皑皑的坡道上一同滑雪。他提起了自己在航空运输领域进行的大量投资，以及与比尔·克林顿政府高层的关系。他跟我套近乎说：现在，我们之间的联系也建立起来了。当时，我不禁自问了这样一个问题：过去，德太投资集团总是 100% 收购陷入困境的公司，重振经营状况后再高价出售以获取巨额利润。可就这次投资来说，金普斯的发展欣欣向荣，利润可观，增长显著，德太投资集团“仅仅”收购了其中 26% 的股份，这确实不太符合他们通常的选择标准和做法。

不过，我仍然放眼未来，与庞德文讨论了接下来要采取的措施，特别是未来的上市计划。庞德文表示他不会成为金普斯董事会成员的候选人。他会把这一职责交给他的合伙人埃布尔·哈尔彭和比尔·普赖斯。在我离开之际，他以一种吐露隐情的语气在我耳边低语：“马克，我之所以会在商业上取得成功，是因为我从不相信任何人，包括我那年轻的妻子。”

难以想象，这话是从这种级别的企业家口中说出来的。听了这句话，我不由得感觉有些尴尬，我告诉自己，这人必然是个不怎么幽默也不近人情的家伙。

## 世界正等着我们去开拓

20 世纪 90 年代，金普斯的业务开始腾飞，营业额从 1992 年的 8 900 万美元增长到了 1995 年的 3 亿多美元。公司在意大利、英国和德国新设了销售代表处以支持当地业务的发展。1992 年，我们在西班牙、智利和阿根廷增设了销售代表处，1993 年，我们的业务扩张到了加拿大、日本和澳大利亚，1994 年，我们进驻了委内瑞拉。到 1996 年时，公司已经在中国香港、巴西、俄罗斯、波兰以及其他市场设立了销售代表处。

1995 年全年，金普斯生产了超过 30 亿张电话卡和超过 1.2 亿张用于移动电话的 SIM 卡，这说明我们在竞争激烈的市场中已成为无可置疑的领导者。同年，金普斯完成了首次收购，将 Datacard 在美国和欧洲的磁条卡生产设施收入麾下，从而实现了组织结构的扩张。

1996 年，金普斯在墨西哥投建了一家工厂用来生产电话卡，这家工厂将为庞大的南美洲电话市场提供服务。

我于 1997 年卸任金普斯首席执行官，只保留公司董事长一职。我将自己的工作重点放在了寻找新的战略收购机遇上，例如 1997 年我们对奥地利 SkiData 公司的收购。1998 年，公司先在加拿大蒙特利尔设立了一家重要的研发中心，服务北美市场。随后又在硅谷（更确切地说是在加利福尼亚州的雷德伍德城）成立了北美总部。

直至 20 世纪 90 年代后期，金普斯一直在不断研发新产品和新技术，例如支持改编程序的 GemClub 卡、同时兼容 AMPS（高级移动电话系统）和 GSM 两种移动电话标准的 SIM 卡、芯片卡读卡器 GemCore 以及网络服务安全平台 GemSAFE。金普斯还同 Visa 国际、太阳计算机系统公司和其他企业合作，参与设计开放平台的 Java（计算机编程语言）芯片卡。

金普斯的营业额在 20 世纪 90 年代的最后几年大幅增长，从 1997 年的 5.83 亿欧元增长到 1998 年的近 6.7 亿欧元，并在 2000 年突破了 10 亿欧元大关。2000 年，公司在新加坡进行了一项重大投资，并与微软和戴尔公司建立了战略合作伙伴关系，将芯片卡读卡器和软件集成到计算机系统中。

2000 年底，金普斯的营业额超过了 13 亿欧元，成为芯片卡领域的全球领导者，控制着全球 40% 以上的芯片卡市场。同年，公司成立了自己的风险投资基金公司 GemVentures，向从事芯片卡业务的初创企业提供投资资金。

德太投资集团超 5 亿美元的投资使金普斯得以在短期内完成多项收购，由此实现了业务上的部分转型升级，过去单纯依靠芯片卡生产业务的金普斯如今能更好地从事芯片卡新技术、软件和相关系统的开发工作。金普斯先后收购了提供电子交易安全系统的 Celocom 公司、专门研发软件的 SLP Infoware 公司，以及兰迪斯－吉尔通信公司旗下经营芯片卡业务的 ODS－兰迪斯－吉尔公司。

金普斯成功实现了在巴黎泛欧证券交易所和纽约纳斯达克证券交易所挂牌上市的目标，让公司早期的风险投资者能够变现，收回一部分投资资金。

金普斯信心满满地进入了 21 世纪首个 10 年，不少全球观察家和分析家预测，公司的营业额在 10 年内可能会达到 100 亿美元。

# 征服亚洲市场

## 新加坡

现在请允许我以金普斯董事长和近距离见证人的身份向大家介绍年轻的新加坡工程师蔡天逸的故事，特别是他在任职金普斯科技（亚洲）公司的10多年间为我们公司做出的巨大贡献。蔡天逸是在金普斯科技（亚洲）公司成立后不久加入的。下面是他的自述。

### 一家隐藏在中世纪小村庄中的高科技创业公司

1988年，我离开新加坡前往法国斯特拉斯堡，在汤姆逊先进研究实验室担任研究工程师。汤姆逊集团选派了两名新加坡工程师前往这个新成立的国际实验室工作，我便是其中之一。实验室的任务是为汤姆逊家用电器公司开发先进的产品。

这是我第一次前往欧洲和法国，新鲜的工作经历带来的兴奋盖过了对自己完全没有法语知识的担忧。汤姆逊是当时大众熟知的品牌，也是法国一家主要工业集团的名字。我受到了很好的照顾并在那边安顿了下来，此时，我连半个法语单词都不会说。

在集成电路设计实验室进行了两年的软件开发工作后，我开始感到厌倦并考虑更换工作。我和实验室前主任帕特里斯谈了我的想法，他邀请我在 1989 年底和马克见面。帕特里斯早些时候加入了金普斯，担任公司研发部的主管。

秋天一个阳光明媚的星期六上午，我乘坐的飞机降落在马赛普罗旺斯机场。

普罗旺斯美丽的蓝天与斯特拉斯堡阴沉的天气形成了鲜明的对比。我穿过马赛市，很快到达了金普斯在热姆诺的工厂。帕特里斯原本计划来接我一道参加和马克的面谈，但他的太太那天恰好分娩，他只好向我表示抱歉，不能同往了。

马克·拉叙斯热情地接待了我。他精力充沛，有着运动员的体形。他领我参观了工厂。工厂的地板闪闪发光，一切整洁有序。全体员工都穿着颜色各异，代表不同工种的工作服。在领我参观时，他很自豪地指出工厂是全自动化的，每周 7 天每天 24 小时全年不间断地运转，可以将报废率控制在百万分之一以下。我注意到他能叫出员工的名字，和每个人打招呼，有时还和女工以法式贴面礼问好。整个工厂就像个大家庭，马克是一家之主，而每个人都在朝着同一目标努力。他告诉我，他的雄心是让金普斯成为世界上最好的芯片卡公司，并在将来的某一天让每个中国人都能用上他们的芯片卡。我记得在参观结束时，他特意强调："我们的工厂比日本工厂更加干净，更加井井有条！"那时，日本被当作世界标准看待。

马克十分讨人喜欢，对公司投入颇多，这无疑让他与所有员工都建立起了牢固的联系。他的热情打动了他遇到的每个人。我们的讨论十分愉快。我对自己说，在金普斯工作会是件很有趣的事。

我把我所有的行李都塞进了自己棕色的雷诺 R5 小汽车，从斯特拉斯堡驱车约 12 个小时到了热姆诺。1990 年 4 月 1 日，我加入了市场营销部。该部门由公司创始人之一达尼埃尔·勒加尔领导。公司指派给我的工作是推广用于自动售货机和付费电视的芯片卡，以及与刚成立不久的金普斯科技（亚洲）公司进行协调。

我的许多年轻同事都毕业于商学院，会讲多种欧洲语言。他们负责处理从订货到交货的价值数百万美元的预付费电话卡合同。一待合同签订，公司就会提拔他们管理金普斯驻该国的办事处，以确保业务发展。这是一支年轻的团队，金普斯的管理层也为他们提供了经营业务所需的支持。每个人都斗志昂扬，心中只有一个目标，那就是为公司争取更多业务。于是公司的营业额呈指数级增长，芯片卡订单量十分可观。

您刚刚读到的就是蔡天逸这位年轻的工程师加入金普斯前后的见闻。

现在请允许我向大家介绍，他是怎样在我们征服亚洲的过程中发挥关键作用的。

我们是在 1989 年有幸招聘到蔡天逸的。那一年，我们借着一次偶然的机会和新加坡经济发展局的代表在巴黎会面，随后成立了金普斯科技（亚洲）公司。我们立即与新加坡经济发展局旗下的祥峰投资控股公司成立了合资企业，而祥峰也成了金普斯在欧洲以外最大的股东。

蔡天逸仍留在法国工作，一开始负责与金普斯科技（亚洲）公司驻新加坡办事处的所有交流与协调事务。新加坡办事处由我从法国－新加坡研究所聘请的埃里克·阿尔泽教授领导。

技术交流、市场营销、芯片卡生产和寄送这类极其复杂的物流工作以及客户接待工作，都由蔡天逸独自处理。

巨大的业务量让他夜以继日地工作，特别是法国和新加坡之间还存在时差。就这样，他不论是在技术、市场营销领域，还是在覆盖公司所有产品和服务的物流工作方面都锻炼出了超常的能力。

因为他单身一人，且不像某些年轻同事那样整晚泡在马赛的夜总会里跳舞，所以他在公司的工作时间长到无人可及。我手下的一名高管来找我，说其中必有蹊跷，他搞不好是名“间谍”，因此，我们应该对他加以监视，禁止他在夜间和周末进入公司。

但结果是，我发给了他一张胸卡，让他一周 7 天一天 24 小时都可以进入公司。

我们两个就这样建立起了特殊的信任。

因为金普斯的名声在亚洲得到了迅速传播，蔡天逸的业务领域也很快就超出了新加坡的范围。事实上，亚洲许多国家和地区都向我们提出了请求，希望开展技术和市场交流，或是期待能到法国拜访。蔡天逸对当地语言的精通成了我们的一项重要优势。

## 中国台湾

早在 1990 年，中国台湾就对芯片卡技术表现出了极大的兴趣。

财金资讯股份有限公司的高级副总裁李女士来法访问时，就试图统一台湾所有金融交易中的微处理器卡[①]，想就此项目进行洽谈。

此后，金普斯科技（亚洲）公司又拿下了台湾荣电国际集团的招标项目，为台湾的银行提供芯片卡。

这是金普斯在银行业领域拿下的全球首份订单。

我们在物流与保障工作中遇到了重重困难：我们必须远程为不同银行提供服务，银行数量众多而单家批量很少，且常常带有汉字徽标。

没有蔡天逸夜以继日的辛勤劳动，我们绝不可能成功。

这次成功后来成了金普斯亚洲业务的重要范本。

我还得到了台湾积体电路制造股份有限公司（以下简称台积

① 微处理器卡是芯片卡的另一种称呼。

电）创始人、董事长张忠谋先生的亲自祝贺。1987年他创办台积电前还在德州仪器公司工作时，我和他曾有过接触。金普斯和台积电几乎是同时创办的。

## 韩　国

1991年初，三星数据系统公司与我们联系，希望我们能供应10万张微处理器卡，以助他们推出国民身份证。

蔡天逸独自一人赶赴首尔，会见了韩国政府官员、三星数据系统公司高管以及韩国造币公社的董事长。这次访问成功地达成了合作协议。

就在这次访问后，三星的竞争对手LG公司也提出希望与金普斯合作，让我们为他们提供芯片卡。由于和三星已有合作，我们只与LG签订了读卡器的供货协议。三星得知这笔交易后不太高兴，因为他们也希望向市场出售读卡器。

金普斯成功完成了这次项目。这一名为“多元件集成电路”（MCOS）的产品被认为具有很高的安全性，在韩国用于进行身份验证。

由于这一成就，许多韩国公司寻求与我们就芯片卡的其他应用进行合作，特别是自动售货机和门禁访问系统。

我还曾为此与蔡天逸一道，亲赴首尔会见我们的业务伙伴。

## SIM 卡和移动电话

自 1992 年起，随着全球移动通信系统这项新的移动电话模式在欧洲取得越来越大的成功，我们的 SIM 卡业务开始向澳大利亚、新加坡和中国香港发展。这项技术也迅速被许多亚洲其他国家和地区采用。

SIM 卡业务是金普斯科技（亚洲）公司一项非常重要的业务，公司的研发团队一直忙于为亚太地区的电信运营商开发新的服务项目：消息服务、金融服务、各种应用程序和游戏服务等。

我们的 SIM 卡市场份额实实在在地出现了爆炸式增长，为此不得不招聘大量人员以补充我们新加坡团队的不足。

## 日　本

同样是在 1992 年，我们接到了日本电报电话数据公司 600 万张芯片卡的订单。困难之处在于我们必须搭载日本电报电话数据公司的 S-Type 操作系统，以确保所有日本运营商间的信号可以互通。此外，我们必须采用以前从未使用过的日本日立公司的原装芯片，这给我们增加了额外的负担。

日本电报电话数据公司的技术选择与欧洲的通常做法差异很大，特别是在通信协议、加密算法和安全管理概念方面，这让整件事情变得更加复杂。

由于存在语言障碍和时差等问题，我们和客户在沟通上有很大的困难。但是，在蔡天逸的协调下，我们法国的研发团队成功完成了所需的大量工作。

金普斯的技术优势最后得到了日本电报电话数据公司的认可。我们两家公司由此建立了密切的联系与互相的尊重。我和日本电报电话数据公司的董事长藤田史郎先生还曾在东京进行过几次会面。

会面最直接的结果就是日本电报电话数据公司决定为其一万名员工配备我们的芯片卡，之后对方又提议让蔡天逸去他们那里出差三个月以帮助推广我们的技术。我们自然是热情地接受了这项提议。

1993 年，日本电报电话数据公司成功说服日本最大的石油产品经销商出光集团推出带有芯片的 Mydo 会员卡，这让我们售出了数百万张芯片卡。

在这一系列合作之后，藤田先生接受提议成为金普斯的股东。

不久后的 1996 年，日本电信巨头国际电话电报公司也决定投资金普斯，以便更好地在日本以外推广自家的产品。事实上，不论是公共电话还是移动电话，日本在电信领域一直没有推广芯片卡的国家计划。

获得日本电报电话数据公司和国际电话电报公司两家如此重要的工业巨头的认可，对我们这样的年轻法国公司来说还是头一回。我们在东京开设了办事处，蔡天逸则当之无愧地成为东京办事处的领导。几年后，他来到伦敦与我共事，与他一道前来的还有他优秀的妻子和可爱的宝宝……

我们的出色表现给法国政府也留下了深刻的印象。在东京时，时任法国电信部长曾邀请我共进早餐。一同用餐的还有雷诺日产联盟董事长卡洛斯·戈恩以及蒂埃里·布雷东，后者在信息技术领域有过一段出彩的职业生涯经历，如今他被任命为欧盟委员会负责工业、数字、防务和太空事务的专员。

我们会跻身顶尖企业的行列吗？

实际上，也正是在这些成就之后，我们与中国大陆展开了交流，我和中国负责电信领域的部长在北京签署了一项协议，计划先在天津合资投建一家大型电话卡制造厂。

古文俊将在下面向大家介绍我们在中国史诗般的发展历程，因为他正是其中的关键人物。

# 为中法合作服务[①]

## 搭起中法合作的桥梁

1997 年 3 月

1995 年，我被选派到法国巴黎，参与一个中法教育领域的合作项目。当时中国改革开放已经走过了 10 余年，深圳从无到有发展起来，一片欣欣向荣。我就读的深圳大学，是当时唯一被纳入深圳市政府和巴黎市政府合作项目框架内的大学。后来我作为深圳大学的三位代表之一，被派往巴黎高商做交换生，意在为中法合作搭起桥梁。

巴黎高商的全称是巴黎高等商学院，作为法国一流院校，国

① 本节的作者为古文俊。

际交流实力名闻天下。学校要求学生除了掌握毕业所需技能以外还要掌握至少三种语言，法语和英语是基本，还要会第三种欧洲语言，如意大利语、西班牙语或德语。

当时，尽管参加交流项目的中国学生英语成绩都很好，例如拿到了不错的托福和 GMAT 成绩，但由于从未在国外生活过，因此英语技能仅限于纸上谈兵，更别提会说第三种外语了。我也是这种情况，虽然我大二就通过了大学英语六级考试，但我从未在一个英语国家讲过英语，更不用说我自学的法语了。

幸运的是，巴黎高商 80% 的课程用英语授课。为了获得学分，我在开始的六个月里，只能白天上英语授课的课程，晚上去学法语。六个月之后，我才开始上法语授课的课程，例如人力资源管理。

一年后，我结束了在巴黎高商的学习，为更好地了解外国公司的运作模式，以及更好地体验法国文化，我又去了巴黎国立路桥学校继续攻读 MBA（工商管理硕士）。

1997 年 3 月的每个星期五下午，按照 MBA 的课程计划，会有一些法国公司的领导来做经验分享。有一次，一个留着大胡子、腹部突出、长得像恩格斯的男人来介绍了一家名为金普斯的高科技公司。公司位于法国南部一个名为热姆诺的小地方。

这个做分享的人是金普斯创始人之一、物理学博士菲利普·马埃斯。他之前与马克·拉叙斯博士共事多年，之后一起创立了金普斯。由于菲利普掌握两门外语（英语和德语），加之与其他创始人相比，他更平易近人，所以主要由他负责金普斯的国际和外联事务。当时，金普斯没什么名气，又位于法国南部的一个小村庄，因而他的演讲并没有引起当时在座 60 名学生的兴趣。这些学生来自 26 个国家，他们的择业方向通常是四大咨询公司、知名投行或世界 500 强企业。尽管菲利普当时介绍说金普斯在过去 10 年业绩的平均增长率约为 40%，但几乎没人在意。

当时我知道的法国公司不多，那也是我第一次听说芯片这个术语。后来我才知道，原来插入公共电话亭的电话卡表面那一小块金属叫智能芯片。就像半导体行话所说的，SoC（系统级芯片，又称片上系统）确实像是一台微型电脑，具有计算机的各种功能，例如 I / O（输入 / 输出）、处理器、内存。听完菲利普的介绍后，我对这项技术产生了好奇心，于是找他问了几个问题。在讨论结束时，菲利普向我发出邀请，希望我加入他们的团队。

因此，在获得 MBA 学位后，我收拾行装，到了法国东南部的热姆诺，开始了我的芯片之旅。

## 加入金普斯的第一顿工作午餐

1997 年 7 月

开始一切都很顺利，在我进公司之前，金普斯人力资源部就给我在公司附近租了房子，实际上就是公司为刚到法国南部工作的新员工租的公寓。法国虽然不大，但各地的文化习俗甚至口音都大相径庭，这就导致我这个外国人很难融入这里的生活。

我加入的是公司总部的战略部门。入职那天，人力资源部的韦罗妮克・布瓦耶接待了我。

她先向我介绍了一下公司的情况，然后给了我一张标号为4007的工作卡，上面带有一块金色小芯片，可以用作门禁卡和餐厅饭卡，这实际上就是第一代多功能芯片卡。接着，我就被带到了一间办公室，里面的装潢算不上奢华但十分简洁敞亮。一位体型高大、风度翩翩的男人迎面走来，伸出一只大手跟我握手，并亲切地做了自我介绍，之后他便请助手带我到我的办公室。后来我才知道他就是公司首席执行官，五位创始人之一，我的直属上司达尼埃尔・勒加尔。

我所在的部门是一个相对独立的半封闭区域，靠近总裁办公室，除了几间独立的办公间外，其他都是开放式办公区，非常安静、宽敞。部门人不多，只有五个，都毕业于法国知名商科类和工程师类高等专业学校。

战略部门的工作独立且保密性强，内容涉及一些战略性项目，例如公司的整体研发计划、全球销售预测和销售战略、投资及并购计划。部门人员工作相对独立，各自负责自己的项目，同事之间的交流仅限于互相咨询，这就是战略部只招高水平、有经验的人的原因，因为战略人员必须独立自主地跟进项目并且要直接向集团首席执行官汇报。

我当时才24岁，没有多少工作经验，在外企工作的经验就更少了，一切对我来说都是如此的新奇和令人兴奋。当时，我能听懂的法语至多占六成，更别提用法语自如地进行表达了。好在我之前和来自 26 个国家的学生一起学习过，他们的平均年龄为 35 岁，因此我能够很快融入这样一个国际化团队。没过多久，我便和同事们打成一片，并赢得了他们的信任。

1997 年，金普斯已成长为一家跨国公司，在全球拥有 20 多个办事处、4 000 多名员工。公司内部工作语言为英语，因而没有给我的工作造成太大困难。对我来说，最大的挑战是在法国工作以及在全法语环境中生活。但也只有在这样的环境下，我才有机会近距离观察、体会、研究法国跨国公司总部的运作情况。

我的第一顿工作午餐是和部门同事一起吃的。为了欢迎我的加入，部门负责人皮埃尔·莱吕耶斯邀请我一起去热姆诺当地一家餐馆共进午餐。法国人习惯于在午餐时间讨论一些无法在办公室聊的话题。邀请他人共进午餐也是一种尊重和友善的表现，这让我感受到了法国同事的友好。

工作午餐成了一个难得的互相认识、展现个人魅力的机会。

只可惜，第一顿工作午餐就让我很头疼。在办公室里，英语或许还能帮我应付一下，但现在出了办公室我就无计可施了。原来我真的是在法国生活啊！那些五花八门的菜名、调味品名、烹饪方式、配料来源等，都是些专有名词和术语。而且，在工作场合之外，面对四五个人同时讲法语，谈论各种不同的话题，多变的内容以及过快的语速，让我变成了一个默不作声的旁观者，只能傻呵呵地对着他们笑，因为我什么都听不懂。我立刻感到了巨大的压力，这时我才明白，要想融入一家法国跨国公司，必须具备英法双语能力，不仅要会讲法语，还要了解法国文化。而那个微笑白痴的角色，我当了至少一年。在法国金普斯总部工作生活的那段时间，提升了我的文化敏感度。我意识到公司和人一样都是有文化渊源的。所谓的跨国公司和国际企业只是规模和组织形式不同而已，它们的内核都有文化和民族属性。

在全球化扩张的过程中，跨国公司不仅要立足于自己的文化根基，而且要了解其他国家和地区的文化，并自觉发展多元文化团队。金普斯在这方面能够做得如此卓尔不群，都要归功于其创始团队，特别是总裁马克·拉叙斯博士的国际化视野和开拓精神。公司每年都会在世界各地举行年会，总部所有部门工作人员、团队负责人和当地合作伙伴都会参加。几天后，就会出现金普斯的印度解决方案开发团队为位于南美洲的西班牙电话公司运营商开发应用程序的新的业务机会。

## 第一次国际任务

1997 年 9 月

我在实习期的第一份工作是组织金普斯在全球的所有团队，共同参与一项芯片行业的市场调研。该任务交由我们战略部执行，可见其重要性。尽管芯片已经发展了近十年，但没有一家市场调研公司能够给出一个确切的市场规模的数字，也无法明确各竞争企业的发展前景和市场份额。此次调研成果在战略规划、投资方向、融资甚至确定市场地位方面都起着至关重要的作用。此外，分析结果后来还被包括美国高德纳咨询公司在内的数家知名调研公司引用，并由此诞生了芯片行业调研公司 Smart Insight。

这个项目的主要难点在于两个方面。一方面，我们需要合理设计问卷来收集和分析各种市场信息，这是有一定技术难度的。该问卷要发放给 300 多人，他们主要是金普斯在世界各地的区域销售负责人，我们需要他们提供包括市场、客户、产品、数量在内的详细的数据，最后再分门别类进行统计。这项工作算是半人工大数据工作，当然现在使用自动统计软件就容易多了。但在当时，单纯依靠 Excel 软件来统计分析并不是一件容易的事，我们必须筛选、归纳、分析近 5 万条数据才能获得有用的结果。

另一方面，难点是如何调动全球那么多工作人员共同参与这项任务，并让他们对这项工作理解到位，保证调研质量。这 300 多人彼此互不相识，而且职级各不相同，我与他们加强联系，广泛交流，使他们和我这个毛头小伙成了“系在同一根绳上的蚂蚱”。多亏当时的市场部总监，即后来 Smart Insight 公司的创始人兼主编蒂埃里·斯潘贾德，给予了我们大力支持，任务才得以圆满完成。

这项工作之所以能如此高效、高质量地开展，与金普斯的企业文化密不可分。由于公司发展迅猛，很快成为行业领导者，员工们产生了较强的荣誉感和责任感，而这种情感又促进了公司的发展。当然，通过这项工作，我看到了公司不同部门之间协同合作的重要性，并认识、体会到参与者所创造的价值。

经过三个月的调研及反复核查，我们终于得出了可靠的数据，金普斯以42%的全球市场份额遥遥领先于第二名（28%）。其他调研公司在随后的调查中基本上都参考了我们的数据。此次数据证实了金普斯独角兽的地位，而且是法国第一家独角兽公司。

通过这次跨国任务，我全方位地了解了金普斯公司，包括其在世界范围内的发展态势、经营现状及芯片在每个关键地区的开发项目。另一方面，我也借此机会结识了金普斯在世界各个国家和地区的负责人。在经历了几个月的频繁交流之后，我的工作态度和沟通能力也得到了他们的认可，这为我在总部的工作奠定了良好的人脉基础。

跨国公司如何进行团队沟通、技术创新和全球资源共享，决定了其全球运营的效率，从而直接影响公司的竞争优势和运营成果。在我看来，以下几点非常重要：首先，统一通信标准，包括使用统一的通讯录、工作语言和技术规范，统一协调、管理全球通信；其次，应当建立一个高效通用的信息系统，包括用于研发的创新系统，产品开发的管理模式、营销和促销体系，财务体系等；最后，应该通过电话、微信、脸书等各种交流工具，有意识地加强公司与员工之间的双向直接交流。视频会议的发展有效弥补了单向沟通的缺点，同时保证了沟通速度，大大提高了效率。若是没有视频会议和在线工作平台，这场新冠肺炎疫情恐怕将对全球经济造成更大的影响。

## 中国代表团来访

1998 年 3 月

由于战略部的位置靠近总裁办公室，我们便经常参与接待来自全球的 VIP（贵宾）客户。作为该部门唯一的中国人，接待中国贵宾自然成了我的分内之事。

我入职后的这段时间，金普斯迅速成长，来自世界各地的 VIP 客户越来越多。为保证迎宾质量，公司设立了迎宾部门和专门负责接待 VIP 的工作人员。

最初，中国客户对金普斯的接待不太满意。这主要是因为法国公司没有像中方那样重视商务接待，而且，由于文化习惯不同，法方领导也很少亲自在门口迎接来访者，通常，助手先将他们带到会议室，然后公司领导才去会见。中午，公司安排的商务餐更是简单，所以法方制造的气氛不是很热烈。

经过多次历练后，负责接待中国贵宾的人逐渐熟悉了中国人的喜好。另外，每逢中国 VIP 客户来访，我都会仔细审查迎接流程，了解负责接待的人员是谁、选择的是哪一家餐厅、在哪里安排住宿以及将带他们去哪里观光旅游等。之后，公司形成了一套专门接待中国客户的迎宾流程。接待中国客人成了我的工作任务之一。

1998 年是中国信息产业发展至关重要的一年。邮电部和电子工业部合并成立了信息产业部，邮政和电信分离。信息产业部创立了中国联通，正式启动中国芯片“909工程”，旨在打破美国人在半导体领域的技术垄断。

1998年初，春节刚过，金普斯就接待了一个中国VIP代表团，成员主要是半导体行业和与芯片发展相关行业的政企高层。代表团由电子工业部计算机与信息化推进司司长张琪女士带领，随行人员包括大唐电信集团总裁魏少军先生、普天集团副总裁徐名文先生、电信总局副局长倪翼丰先生以及华虹、华大、深圳国威等集团的高层领导。这些人如今已成为中国半导体行业（尤其是芯片领域）发展的关键领导者。

代表团成员中，有一人身形颀长、眼神犀利，他便是国叶集团董事长，他曾亲自去日本会见NEC集团的领导，想要将半导体制造技术引入中国。最终，日本NEC集团被成功说服。他们不顾美国阻拦，同意将8英寸①晶圆制造技术转让给上海华虹NEC电子有限公司。

美国政府不仅抵制美国公司对中国出口半导体技术，还单方面通过“长臂法律”阻止中国接触全球科技、金融、政治等领域的高端技术。美国不仅是针对中国，对法国等欧洲伙伴国也采取了类似的抵制措施。在美国实施技术垄断的情况下，许多充满爱国情怀的中国人，包括一些海外华人在内，纷纷行动起来为打破技术壁垒而贡献一份力量。

为何中国代表团会选择在这个关键时期访问全球芯片行业领

① 1英寸约为2.54厘米。

军企业金普斯？原来，在中国信息产业部的部署下，中国芯片“909 工程”已经启动，上海华虹 NEC 开始生产 8 英寸芯片。此次访问展示了中国芯片行业的决心和战略部署，也吸引了金普斯投资中国芯片行业。

作为唯一一名在金普斯总部战略部工作的中国人，我抓住了这次机会，迅速调整工作重心，集中力量支持和发展公司在亚洲，尤其是在中国的业务。

## 金普斯中国本土化之路

1999—2003 年

### 阶段一：芯片卡制造与电信卡本土化

中国芯片计划，即中国金卡工程的正式启动，为金普斯在中国的工业本土化开辟了道路。在此之前，金普斯在亚洲设有多个销售办事处，如新加坡、日本、中国香港等。产品在法国制造，然后出口到中国。如今，中国政府出台的政策明确支持以市场换技术。同时，金普斯也明白本土化生产的必要性以及中国工业对全球产业链的重要价值。

1998 年初中国代表团访问金普斯后，公司收到了中方一项建立合资企业的提议，即公司与普天集团旗下一个专门生产电话设备的子公司共建一条电话卡生产线。金普斯将成为合资公司持股比例为 51% 的大股东。其间，普天集团总裁徐名文先生给予了很多有益的指导，他很熟悉 SIM 卡的应用技术和产业环境，也曾到访过法国金普斯总部。

于是，金普斯开始在中国投资手机下游产品，包括卡片制造和卡片个性化设计生产。生产包括以下几个基本步骤：晶硅圆制造、组装卡片、生产卡片、卡片个性化设计生产。当时，中国开始制造芯片卡，有以下几个原因：首先，当时中国改革开放取得了一些成效，但尚未加入世界贸易组织，还不熟悉国际合作规则，也没有得到国际广泛认可。正如大多数欧美跨国公司一样，金普斯也担心中国知识产权保护力度不够。芯片卡的关键技术和价值是芯片制造和系统开发，这是具有较高附加值的两部分，而法国的芯片模块生产仍有获利空间。还有很重要的一点是，中国芯片组装的工业生态系统尚未建立，没有相关设备和服务；一些重要的生产材料（如芯片组装带）仍然受日本和欧洲一些公司的控制，无法直接销售到中国。当时，金普斯没有立即将芯片模块的生产转移到合资企业来，因为在中国组装芯片模块会导致运营成本的提高、质量的下降，而且会遇到一些不必要的技术限制。

转移芯片卡生产线的进程十分顺利。为了加快生产线的建成和投入使用，金普斯决定直接向中国总部发送生产设备。在管理和协调方面，为方便法国总部芯片卡生产线的建立和技术转移，公司让负责总部生产线的弗朗索瓦·杜普雷斯承担合资公司生产线的建设和开发工作。我在总部负责计算成本、确定技术转移价位，与中国合作伙伴就生产线转移项目进行谈判等。其间，要感谢普天集团领导对我的信任。尽管金普斯仅拥有合资公司 51%

的股份，但技术、生产、市场和销售等方面均由金普斯负责。双方的相互信任对合资企业的迅速发展至关重要。关于技术转让的价格，中方对我们也非常信任。我们提供的生产设备都经过了改装并拥有金普斯的知识产权，中方合作伙伴也对它们的价值表示认可。另外，金普斯尊重中方的管理意愿，在财务和人事管理人员方面给予中方充分的信任。

最终，合资企业的生产线高效、快速地建成并投入运营。这在很大程度上归功于管理者的能力，也就是刚刚提到的弗朗索瓦的能力。弗朗索瓦不仅是一位有耐心、技术一流的工程师，而且对语言文化有较高的敏感度。他以前在日本工作过，对东方文化比较了解，由于公司里没有在中国工作过的员工，因此他被选派到了天津。事实证明，公司的选择是明智的：他到了中国后，立刻取了个中文名——杜博，并且很快就学会了中文，他不仅能够在生产线上用中文跟工人交流，给他们做培训，而且他很快就在与天津合作伙伴的商务活动中熟悉了中国的酒文化。在公司年会上，他还像中国人那样玩酒桌游戏，向每个人敬酒。

在短短三个月内，他便开发了一条芯片卡生产线并投入运营，还培训了操作人员。该工厂的投资回报率堪比法国总部工厂。他的作为也及时助推了中国市场的快速发展。当时，产品供不应求，电信运营商都得在工厂门口排队等待，公司轻轻松松赚了很多钱。在天津合资工厂生产力的支持下，金普斯的芯片卡市场销量达到了顶峰，并以超过30%的市场份额占据中国市场第一位。

普天集团作为中国主要的电信设备制造企业之一，拥有数十家通信设备制造公司，其主要子公司东方通信引进摩托罗拉的技术建成中国第一条手机生产线，并在其后与摩托罗拉合作成立合资企业。普天集团从中看到了 SIM 卡的市场前景，因此希望通过旗下的东方通信公司与金普斯再次展开合作。除了天津以外，他们希望再在珠海成立一家生产 SIM 卡的合资企业。不过，金普斯已与普天集团旗下的天津电话设备厂成立了一家合资企业，此时若再与该集团旗下另一子公司组建合资企业就有欠妥当了，因此便婉拒了东方通信公司的建议。但是，东方通信进军 SIM 卡市场的决心并未因此改变。依靠普天集团在电信市场的巨大影响力，东方通信很快便赢得了 SIM 卡的市场份额，并借此乘风破浪而后成功上市。

当时，外国公司对中国大型集团下兄弟公司间的竞争关系不是很理解，因为欧美国家有严格的法律规定，反对同一集团旗下不同实体公司之间的不当竞争。然而，中国在这些方面还没有出现太大问题，集团总部一直在鼓励子公司发展壮大。现在，中国也出台了《反不正当竞争法》来统一规范公司管理，尤其是针对上市公司的管理。

跨国公司开展活动不可避免地会面临地方法、国家法和国际法之间发生冲突的情况。所幸，金普斯拥有一支身经百战的法律财务团队，团队首席是英特尔前首席财务官和总法律顾问。因此，金普斯在拓展全球业务时，充分了解地方特色，尊重当地合作伙伴的要求，同时遵守公司规章制度及其他法律法规，这也是公司能够快速成长和发展的重要原因。

在过去 20 多年的全球化进程中，出现了越来越多的同类型产品、市场和消费者，但是各个国家的法规、国际法和地缘政治却变得更加复杂。TCL 首次收购法国汤姆逊公司，由于不了解法国《劳动法》而导致并购失败，抖音国际版被迫转让，华为不得不出售荣耀，这些都是地方法规影响全球化活动的经典案例。全球化不是全球公司运营的简单整合，而是技术创新、人力资源、产品设计、营销规划和运营系统不断优化发展的过程。此外，全球化还要考虑到全球资源和地缘政治环境的变化。

除了电信市场上的 SIM 卡之外，芯片卡的另一重要应用是银行卡。金普斯收购美国 Datacard 公司的全球卡片业务后，又收购了另一家位于珠海的合资企业——金邦达保密卡有限公司（以下简称金邦达）。金邦达致力于生产磁条芯片复合卡，同时重视芯片卡的研发和定制，在中国银行卡市场上长期占据重要地位。

金邦达由金普斯控股 70%，是金普斯所有银行卡生产企业中利润最高的一家，极大地提高了金普斯银行卡业务的整体盈利水平。金邦达的发展，促进了珠海当地经济的发展，创造了许多就业机会，也刺激了当地其他产业的发展。

芯片卡的另一主要应用是基于非接触卡片技术的交通卡。芯片卡制造技术非常多样化，金普斯使用的是冷胶生产技术，在较低温度下接合多层 PVC 片并将它们切成标准卡片。这种技术的优势是，可以减少对芯片的破坏；不足是生产自动化程度低、生产能力比较薄弱。但是，对于产量要求不是特别严格、单个订单数量又比较少的欧洲市场来说，该技术却是最佳选择。当时，中国的交通运输尚不发达，市场容量很大，因此，中国需要高自动化和高生产能力的生产技术。所以，金邦达没有引入法国金普斯的冷胶生产技术。

金普斯开始进行非接触式卡中国本地化生产的另一个契机，是与上海仪电控股（集团）公司的子公司上海浦江芯片卡系统有限公司的合作。那个年代，上海是智能交通发展重镇，有好几条地铁和绵延数百公里的高速铁路即将开工建设。此时，上海仪电控股（集团）公司派团队来到法国热姆诺，邀请金普斯去上海联合生产非接触卡。不巧的是，金普斯正与金邦达讨论在珠海再建一条非接触式卡生产线，对于建立新的合作伙伴关系并不感兴趣。因此，上海浦江芯片卡系统有限公司不得不独自发展，而金普斯也失去了在中国拓展非接触式交通卡业务的机会。

## 阶段二：个性化数字服务和本地化软件开发

由制造芯片卡延伸出的开发个性化数字服务，是生产企业维护客户必不可少的手段。将密码或交易流水等个人身份数据与卡片绑定，一张信息空白卡就能变成一张个人定制卡。这一功能的产生源自 PVC 卡中的 SoC 芯片，这张卡片相当于一台微型电脑，可以进行安全身份验证，保护交易信息，实现其他智能功能，为开发大数据提供了可能性。如今，个性化数字服务已成为信息基础架构不可或缺的一部分。

此后，SIM 卡个性化定制不断发展：在工厂进行卡片个性化制作，然后送到电信运营商的不同销售点。为满足中国客户需求的紧迫性和高效性，公司认为有必要创建本地化团队，因此在北京成立了软件开发团队，帮助运营商定制个性化 SIM 卡。比起软件，中国客户更喜欢硬件，因为硬件产品更容易销售，而软件通常被认为是一种服务，很难确定其成本和价格。于是，金普斯便在销售合同中，把软件作为购买 SIM 卡的附加服务，来适应中国客户的喜好。

许多外国软件公司发现在中国很难取得成功，主要是因为它们面临着两个挑战：既需要开发本地化软件，又需要通过 SaaS（软件即服务）来支持软件在当地的使用。

银行芯片卡的个性化设计更注重安全性能。客户确认开卡后，银行将收集到的有关信息通过安全渠道发送到经生产安全级别认证的个性化中心，这个过程的安全级别可与钞票生产相当。这也很容易理解，因为银行卡是钞票的数字载体，是一种支付媒介，安全性要求自然等同于钞票。

多年来，金邦达作为银行卡行业领导者，自然受到了各家银行的信任。在此基础上，金邦达成立了个性化中心。该中心获得了银联、Visa 和万事达的企业认证，成为亚洲最大的芯片银行卡个性化中心，每年发卡量超过 10 亿张。

金邦达的业务飞速扩展。除了银行卡，它生产的社保卡和交通卡也占有重要市场份额。金邦达若想在市场上获得更多的资源就得上市。尽管金普斯持有金邦达公司 70% 的股份，但该公司由中方合伙人管控。当时，金邦达在金普斯集团所有银行卡生产企业中利润最高。它的利润额已整合到早已在欧洲上市的金普斯集团的账户中了。为了帮助金邦达在香港上市，金普斯将部分股份转让给了中国合作伙伴。这是金普斯努力开拓公司业务，又大力扶持当地企业发展的经典案例。

随着芯片卡在各个行业的普及，收集、开发和应用大量个人数据倾向于用芯片来完成，这体现了芯片的“分布式计算”特点，即后来“云计算”的补充，芯片成了当今信息基础架构的重要组成部分。看到芯片的使用越来越广泛，美国当局意识到了芯片的战略意义，因此主动向拉叙斯博士抛出橄榄枝，意图投资金普斯。

## 阶段三：中国创新与中国芯片

中国的信息技术产业已经从改革开放之初的引入技术转变为研发技术，到最终制定国际标准。SIM 卡非常具有代表性，因为它紧密地连接了通信和半导体。

2000 年 5 月，国际电信联盟正式发布了 3G（第 3 代移动通信技术）的三个标准，其中就包括中国提出的 TD-SCDMA（时分同步码分多址）。大唐电信集团在中国电信发展过程中发挥了重要作用。此外，大唐电信集团还根据中国自主创制的技术标准，向国际电信联盟以及 3GPP（第 3 代合作伙伴计划）组织提供了网络、终端和芯片领域的标准。

2001 年初，全球芯片短缺为中国企业发展提供了机会。大唐电信集团总经理魏少军先生抓住这一机遇，加快开发 SIM 卡芯片，其计算和存储能力可与几大主要芯片供应商如三星、爱特梅尔的产品相媲美，但价格却便宜了一半。由于 SIM 卡是易耗品，它的价格对电信运营商的影响很大，使用大唐电信集团子公司——大唐微电子技术有限公司（以下简称大唐微电子）生产的中国芯片，金普斯就可保住其全球领导者的地位和盈利水平。金普斯没有理由不使用中国芯片。带着这种想法，魏少军先生信心满满地与他的整个团队来到金普斯总部与菲利普·马埃斯博士会面，希望成为金普斯的芯片供应商。

从市场角度来看，这个想法是合理的。不过，美国德太投资集团在 2000 年投资金普斯后，想把金普斯总部从法国迁至美国。由于受到工会和金普斯创始人的阻拦，最终总部被迁至卢森堡。德太投资集团在技术、运营和供应链方面投入了大量精力，聘请精英把守重要职位，因此金普斯的话语权主要掌握在他们手里。由于受到美国人的反对，大唐电信集团与金普斯在中国芯片生意上的合作不得不以失败告终。

但是，中国发展技术的决心丝毫没有因为外界的傲慢与偏见而动摇。魏少军先生发现，短时间内，想凭借价格优势在全球推广中国芯片不太可能。而且，他们也无法立刻全面加入全球芯片产业链，因此他们决定采取阶段性策略。大唐电信集团的战略调整取得了巨大成功。通过使用自己生产的芯片，他们将 SIM 卡的生产成本降低到其竞争对手的一半，降低了电信运营商的购买成本。如今，大唐电信集团成为中国 SIM 卡的领导者，而芯片业务是该集团股价急剧上升的原动力。

大唐微电子 SIM 卡开发的成功具有象征性意义：这是中国第一款 SoC 芯片，第一款被广泛使用且拥有中国知识产权的芯片，在中国芯片设计行业中树立了榜样并发挥着重要作用。

在本土化生产非电信卡方面，除了金邦达生产的银行卡和社保卡外，金普斯在中国市场上未取得理想的成绩，原因有很多，包括内部原因和外部原因。

金普斯的内部原因如下：首先，公司全球业务集中在电信卡上。芯片的其他应用市场尚处于起步阶段，销量还不是很大。其次，公司不了解芯片本土化对中国的重要性，无法提供能够满足中国客户需求的产品。这些问题在德太投资集团投资金普斯后变得更加突出。在德太投资集团投资金普斯后，以拉叙斯博士为代表的公司创始团队与德太投资方之间产生了多次激烈冲突，问题因而变得更加严重：金普斯内部管理出现混乱，管理团队凝聚力下降，不再集中力量求发展，公司前景堪忧。更严重的是，拉叙斯博士受到排挤并最终离职。

外部因素或许更为重要，就是中国产业发展异常迅猛。在中国金卡工程小组的领导下，芯片在中国多个领域得到了广泛应用、芯片生产得到快速发展。特别是在身份证和社保卡应用方面，中国走在了世界前列。而这些芯片的应用需要公司了解客户需求，遵守该国法律。

芯片卡在中国国内的创新应用带来了供应链和相关价值链的结构调整，催生了大唐微电子、中电华大、北京华虹以及其他众多在芯片设计、模块组装、安全算法和芯片用途开发系统等领域的创新型中国企业。

中国国家政策对产业的支持力度和中国的内部市场环境，对一个产业的形成以及相关企业在全世界的发展至关重要。没有中国政府对移动通信技术的支持，中国的相关产业就无法发展。许多中国公司诸如华为、大唐、联芯、海思、展讯、芯讯通、上海移远和广和通等，都是多亏了 3G 才涌现出来，得益于 4G（第 4 代移动通信技术）才强大起来，有了 5G（第 5 代移动通信技术）才成为行业领导者。这些成就都要归功于庞大的中国市场和政府在创新产业方面的政策支持。

竞争对手的崛起，全球市场竞争的加剧，尤其是公司股东之间的内部冲突，给金普斯带来了前所未有的打击。后来金普斯被迫与雅斯拓（2004 年市场排名第二的法国芯片制造企业）合并，之后也整合了两家的中国业务。

2013 年，金邦达在香港联合交易所上市为公司的发展提供了更广阔的空间，金普斯仍是其第二大股东。

随着大唐电信、东信和平科技、恒宝股份、大唐微电子、北京华虹和中电华大等芯片设计公司的崛起，以金普斯为代表的外国公司已逐步退出中国舞台。2000 年，德太投资集团投资金普斯之后，公司股东之间的矛盾尖锐起来，我于 2003 年底离开金普斯，并应魏少军总裁的邀请加入了大唐电信集团。之后，我便投身于中国的科技创新浪潮。

# 一步步跌落“美国陷阱”

## 德太投资集团投资金普斯实为全面控制

1989 年，金普斯在华盛顿开设了办事处，但美国市场接受新技术的过程比较缓慢。幸而在 1991 年，公司成功与怀俄明州政府合作，为其生产健康卡，打开了一点市场。

尽管如此，由于美国移动电话行业疲软（美国使用的不是通用的 GSM 标准），加上美国银行业不愿放弃他们传统的磁条信用卡技术，金普斯在美国的发展受到阻碍。

我和我原来的管理团队都很清楚，德太投资集团短期内的目标不是帮助金普斯进入巨大的美国市场，扩大公司规模（如其最初投资时承诺的那样），而是要完全控制金普斯。

德太投资集团使出浑身解数，甚至为此不择手段。

在德太投资集团的领导下，金普斯采取了总裁轮换制，几年来换了四位首席执行官。部分改变是合理的，但公司因此首次出现了业绩下滑的情况，这预示着公司可能要裁员。

在这种情况下，我与公司大股东——庞德文代表的德太投资集团，发生了正面冲突。

当另一位大股东匡特家族也站在德太投资集团一边时（出于历史原因，还与 CIA 有关，之后再做解释），我终于被迫放弃挣扎，于 2002 年从董事会辞职。之后，德太投资集团拥有了绝对话语权，任命了美国人亚历克斯·曼德尔为首席执行官。

对于这一任命，有人表示反对，认为公司正试图把战略重心转移到美国，甚至有人认为这是一次商业间谍活动。

实际上，后来发生的很多事都印证了这些观点，但在这之前一切都是不可预测的。

## 亚历克斯·曼德尔上台

亚历克斯·曼德尔是奥地利裔美国人，曾任美国电话电报公司总裁以及 CIA 风险投资机构 IN-Q-TEL 的董事会成员，2002 年 9 月，被德太投资集团任命为金普斯的首席执行官。

曼德尔也是 BENS（美国服务国家安全的商业主管组织）的成员。BENS 汇集了来自美国安全和国防领域的商业领袖，还有 CIA 代表和情报特工，庞德文也是成员之一。除此之外，曼德尔还是新保守派美国企业研究所的董事会成员。

然而，当曼德尔以首席执行官的身份与金普斯董事会成员见面时，他的上述身份并没有出现在他的简历中。他后来的借口非常随意且令人难以置信：都怪美国招聘公司的秘书不小心“遗漏”了他简历中的一行字。偏偏就是那一行字特别提到了他与CIA的关系。

之前，我面试他的时候，他很谨慎，没有提到任何与CIA相关的事。

顺便说一句，脸书的第一批投资者中就有IN-Q-TEL，这是不是很有趣？间谍活动无孔不入。

## 贝恩咨询公司的角色

贝恩咨询公司（以下简称贝恩）主要为一些大型公司的首席执行官和某些州政府提供管理咨询服务，涉及的问题有：私募股权投资、公司战略、财务、安全政策以及一些“敏感”问题。

众所周知，作为最神秘的战略咨询公司，贝恩曾被称为“20世纪80年代咨询界的克格勃（苏联情报机构）”。

而且，在金普斯任职的大部分（或者全部）德太投资集团的代表都曾在贝恩接受过培训。

此外，德太投资集团还委托贝恩向金普斯管理层提供若干战略建议。然而，大多数建议都没有被金普斯法国员工所接受，例如出售SkiData、停售电话卡。

他们还反对我提出的金普斯－银捷尼科合并计划。该计划的目的是让公司业务覆盖全球所有销售点的支付终端。

在电子交易中，金普斯有钥匙而银捷尼科有锁，多好的机遇啊！

他们也反对我计划的另一个项目——收购美国科进国际公司（以下简称科进）。该项目已就财务状况进行过谈判。科进是美国加利福尼亚州的一家年轻公司，它由我的朋友谢明创立，工程师团队都是在美国留学的中国人。如今，科进已经成为全球数一数二的处理生物识别大数据库的专家，其成果在安全方面应用广泛，如护照、安保、门禁。而且，他们同意加入金普斯。但对于美国政府及贝恩的咨询师来说，眼睁睁看着我们法国公司搞战略活动，显然碰触了他们敏感的神经。

贝恩与 CIA 和 NSA（美国国家安全局）在许多对外问题上合作紧密，这一事实早已人尽皆知。

贝恩的现任总裁是奥里特·加迪耶什女士，她生于以色列，是以色列国防军将军的女儿，后加入了美国国籍。她还曾在以色列国防军副参谋长办公室任职。

在一次世界经济论坛的采访中，她的介绍词仅为“服务于以色列情报部门”，即摩萨德。这一介绍真是不能更少了！

滑稽甚至令人震惊的是，法国政府最近委托贝恩帮助其摆脱新冠肺炎疫情的困扰。值得警惕的是，虽然贝恩慷慨地表示愿意向法国提供免费服务，但它们也因此获得了一些将来可以利用的数据，难道这些数据没有价值吗？

## “9·11”事件的后果

两架民航飞机炸毁了曼哈顿世界贸易中心的大楼，这是美国历史上前所未有的恐怖袭击事件。

事发后，时任总统小布什立即出台了《爱国者法案》，旨在提高美国执法机关遏制、打击恐怖主义的能力。

这次事件对国际社会产生了直接影响，西方国家纷纷把加强安全合作提上日程。各国情报局联合起来（当然也包括法国），并在某种程度上赋予了 CIA 在国际上的无限权力！

因此，法国政府就无力保护金普斯免受德太投资集团的控制，而这正是 CIA 的一个阴谋。

对此，法国对外安全局（法国最大的情报局）的最高官员发表的声明意味深长："我们没有证据证明美国已经控制了金普斯的技术，另外，我们与 CIA 向来关系友好。"这正反映了后"9·11"时期的国际局势。

然而，2018 年 4 月 7 日，还是这些人却说出了完全不同的话，他们开始在媒体上公开谴责美国控制法国技术。

可惜，对于金普斯来说为时已晚。

2018 年，特朗普政府通过了"云法案"（《澄清海外合法使用数据法》）。该法案允许美国人以保护公共安全的名义"攫取"在其他国家或地区计算机服务器上托管的数据。简言之，他们可以为所欲为。

## 受到德安华公司的调查?

在一次德太投资集团在美国加利福尼亚州召开的研讨会上（我拒绝了与会邀请），一名德太投资集团的高管喝了几杯后，告诉我的一位法国合作伙伴，说我的好日子到头了，因为他们已经让德安华公司调查我了。

德安华公司是美国一家专门从事安全风险调查的公司，总部位于纽约。他们或通过中介，或直接雇用侦探开展调查活动。

或许这就可以解释为什么我和妻子在伦敦出行时总是被人一路跟踪。当我们回头时，跟踪的人会立马“躲进”电话亭里。或者趁我们不在的时候，多次“拜访”我们在伦敦住的公寓，而且奇怪的是，经警方调查，门是从里面被砸开的。

好几次，我的电脑和手机遭到了黑客入侵，甚至被盗。

庞德文还委托法国阳狮集团（法国最大的广告与传播集团），也就是他朋友莫里斯·列维的公司，调查我的隐私。他们还专门派应召女郎向我的一些熟人，包括几个记者朋友探听我的情况。

## 全球大规模有组织的 SIM 卡入侵行动

2013 年，美国“吹哨人”爱德华·斯诺登向两家英文媒体《华盛顿邮报》和《卫报》披露了其在 CIA 和 NSA 工作时获得的机密信息。事发后，美国政府下令以叛国罪逮捕他，当时他身在中国香港，之后立即飞往俄罗斯避难。

据斯诺登披露，国安局联合电信公司和一些欧洲国家政府，通过 SIM 卡实施了众多全球性监控项目。

现在我们已经知道，GCHQ（英国政府通信总部）与 NSA 合作之后，成功入侵了金普斯制造的卡片，通过 SIM 卡在许多国家和地区拦截通信信息，比如在阿富汗、也门、印度、塞尔维亚、伊朗、冰岛、索马里、巴基斯坦和塔吉克斯坦。

GCHQ 和 NSA 还联合起来对日本、哥伦比亚和意大利“金普斯个性化中心”制造的卡片进行窥探。

NSA 和 GCHQ 联合成立的移动电话运营团队（MHET），通过入侵金普斯的 SIM 卡，成功拦截和解码了数十亿次通话和短信，这可能是有史以来全球规模最大的一次拦截行动。

此外，众所周知，国家元首间的通信也未能幸免。甚至，在一次巴黎 G7（七国集团）峰会期间他们的通信内容被公之于众，逼得德国总理默克尔和法国总统奥朗德一起，在镜头前向美国总统奥巴马提出控诉。

金普斯在全球拥有 11 家工厂、37 家个性化中心，生产数十亿张 SIM 卡。尤其是在中国，我们开展业务仅一年半后，就生产销售了 4.5 亿张金普斯卡。也难怪德太投资集团总裁——CIA 和 NSA 的傀儡，那么迫切地想要控制金普斯了。

今天，我更加坚信，金普斯在中国大获成功是美国人加速收购金普斯的决定性因素。

美国人知道，控制了金普斯的技术（尤其是我们的独家数据库），就等于掌握了数十亿用户的信息，这可比斯诺登公开 NSA 丑闻早了 13 年！实际上，当时的电信运营商和银行机构都没有管理持卡人个人数据的技术能力，因此卡片个性化、密码管理、特定软件安装、后台分配等活动都是由金普斯个性化中心完成的，因而，可以说这是一项重大的战略活动，而且，它的利润率非常高。

1998 年，克林顿总统和拉丁美洲一个国家的总统签署了一份协议，然后将这份协议保存在一张经过加密保护的金普斯卡片中。他得意扬扬地在镜头前展示，这更坚定了 CIA 和 NSA 控制金普斯的决心。

美国情报部门控制芯片卡是人类史上空前绝后的间谍手段。

## 其他一些意外和打击

回顾我的创业经历和金普斯的发展历史，真是荆棘遍地，波折重重。

**2001 年，古巴：**这一年，我决定破例给自己放 15 天假，想去古巴待一阵子，因为我喜欢西班牙语和古巴的音乐。

这本来是一次私人自费旅行。但当金普斯拉丁美洲区总监贝特朗·穆塞尔得知我要来的消息后，专程从墨西哥赶来见我，同时还邀请了古巴通信部长。

其实这只是一次礼节性的会面，我们并没有谈任何商务事宜。

当时，我的长子布鲁诺在金普斯位于硅谷红木城的美国总部工作。他告诉我，他的一位年轻律师同事秘密警告他，公司正在对我进行内部调查，因为我违反了美国对古巴的禁运令！

我对此大为吃惊。

事情是这样的，古巴为了测试哈瓦那和巴拉德罗之间高速公路收费站的工作状态，向我们订购了 21 张金普斯卡。毫无疑问，我本人对此一无所知。毕竟，我们的芯片卡全球销量数十亿，我不可能了解每一笔订单。这些卡本来是从墨西哥库埃纳瓦卡的工厂发货，然后运往古巴的，而且文件中显示，这是由我正式批准的。

实际上，墨西哥与古巴，以及西班牙和其他拉丁美洲国家与古巴之间没有任何贸易限制。况且，古巴实验室购买的都是经这些国家过境的美国信息技术设备，所以，这批货本来是合法的。

但是对于金普斯，尤其是对我来说，问题在于：

尽管这21张来自墨西哥的芯片卡是合法的，但是，由于技术原因，塑料卡托是在美国明尼阿波利斯的工厂印制的，所以说这些卡确实来源于美国，因而也就证明我们违反了美国的禁运令。我是公司的董事长，又去古巴旅行，因而一切矛头都指向了我！

为了解决这个问题，我采用了橄榄球比赛中惯用的暴力方式——抱大腿战术[①]，我威胁公司内部和美方调查人员要向国际新闻界揭露相关事实。此外，我发誓再也不会踏入美国半步，免得像阿尔斯通的弗雷德里克·皮耶鲁齐那样，在纽约一下飞机就被监禁。

匡特家族回归：德太投资集团入驻金普斯之前，匡特家族是最大的股东，持股20%。匡特家族不仅控股宝马，还在化学和能源领域进行各种投资。

我和这个家族关系还不错，认识家族中的几位主要成员和他们的顾问。但我一直不知道的是，从二战结束以后，匡特家族就一直受CIA的掌控。所以，美国最终控制金普斯，是早有预谋的。

二战结束之后，在德国纽伦堡审判中，京特·匡特并不担心自己会像其他大多数工业同僚那样被绞死，因为他的地位十分重要。在他的支持下，美国人和英国人能够使用他的技术和工厂，

① 抱大腿战术：橄榄球赛中抱住对方持球队员的腿使之摔倒。

特别是 CIA 还让他在苏联控制下的民主德国布下网络。他还帮助德国科学家“中立化”，方便他们去帮埃及总统贾迈勒·阿卜杜勒·纳赛尔研发攻打以色列的导弹。

之后，京特·匡特通过发展宝马汽车和包括瓦尔塔蓄电池在内的其他产业来恢复事业，成为一名出色的实业家。

德国女首富，也就是京特·匡特的孙女苏珊娜·克拉腾，在我管理金普斯期间，曾来参加过几次董事会，为人十分友好。可惜 2008 年，发生了一件不幸的事，她被“瑞士舞男”（也就是她的情人）勒索。此人声称自己是犹太人，还假惺惺地宣称要为在匡特工厂死去的犹太人报仇。

当时，在德国，这是一件令人震惊的丑闻事件。

匡特家族一直受到美国的控制，而且因为他们在美国有汽车制造厂，也不得不对美国献殷勤！

我后来在金普斯受到排挤，终究和匡特家族的态度反转，或者说他们和 CIA 互相勾结脱不了干系。他们早就串通一气，通过 CIA 远程操控，最终让金普斯屈服于德太投资集团的统治之下，如今一切都变得明朗了。从他们投资金普斯的第一天起，美国的地狱机器就开始运转了！

堕入地狱：在这里，我建议读者朋友们去阅读本书的法语版 *La Puce et le Morpion*，它对许多情节都做了详细介绍。

简言之，我什么都不在乎了，我的所有财产都被没收了，我落入了德太投资集团精心策划的巨大陷阱，继而被我的国家落井下石——法国让我跌落得更深。

2006 年 1 月，法国公权机构和金融市场管理局（AMF）狼狈为奸，从中作梗。

2007 年 6 月，我被金融特警队拘留，随后被送到法官听证会（2008 年 3 月），接着被检察院提起公诉，之后我又被移交到轻罪法庭，最后被上诉法院判为不予起诉（2011 年）。法国恐怕还要花上五年时间才能证明我的清白。看到法国被“美国碾轧机”操纵，真是让我感到耻辱啊！

我唯一的欣慰是，金融特警队的调查人员告诉我，他们早就知道我不是犯人而是受害者。财政部的官员和金融市场管理局的人串通一气，决心要置我于死地，他们要罚我一笔巨款，金额是我 3/4 的退休金，而我要到 68 岁才能退休！鉴于我的资产已经被没收，我要到临终前才能交完罚款。

# 致命一击

2001 年 12 月 19 日，华盛顿会议

另一件让我感到欣慰的事情是看到《华尔街日报》兼彭博新闻社（以下简称彭博社）主编詹姆斯·普莱斯利发表的文章，标题为《马克·拉叙斯是如何被庞德文和德太投资集团从金普斯踢走的》。

詹姆斯·普莱斯利是一位受人尊敬的新闻记者，曾两度获得著名的普利策新闻奖。

他的言论被发表在彭博社的内部文件上。彭博社作为美国最大的财经资讯公司，专门为金融从业人员提供实时行情和金融资讯。此外，作为新闻机构，彭博社还拥有自己的媒体平台（电视、广播、新闻、互联网和书籍），其中最著名的或许是彭博社的有线 / 卫星电视频道。彭博社成立于 1981 年，目前在 130 多个国家和地区拥有 1 万多名员工。其创立者是迈克尔·布隆伯格，他曾连续 12 年担任纽约市市长（2002—2013 年）。

以下是该篇文章的原文，讲述的是2001年12月19日庞德文非法在华盛顿召开董事会的情况。庞德文实际上并不是金普斯董事会成员，但他却在任意指挥多数股东。这种人竟然可以逍遥法外！

下面我们一起来看一下这篇文章：

2001年圣诞节前几天，马克·拉叙斯刚刚从洪都拉斯附近海域潜水回来，结束了他短暂的假期，却突然噩梦般地被困在了华盛顿郊区波托马克河边的兰斯当度假酒店。

身为法国芯片制造商金普斯的董事长，拉叙斯担忧他到达华盛顿杜勒斯国际机场时会面临大麻烦，因为公司未经他许可就召开了董事会。他到达迈阿密机场的时候收到董事会的传真，才得知此次会议的目的是将他逐出公司。

“什么，要开了我？”64岁的拉叙斯想，“这可是我创立的公司啊！”的确，在短短14年时间里，拉叙斯把五个法国工程师的最初梦想打造成了一个实实在在的全球帝国，如今金普斯通过生产装有微处理器的塑料卡——芯片卡，年销售额超过10亿美元。他们生产的这个小东西用途可不少，从美国海军的身份识别徽章，到欧洲和中国的手机，再到萨尔瓦多的驾驶执照，都离不开金普斯的芯片。

现在，仅持股26%的投资者竟然要把他踢出董事会！这位有争议的投资者，就是德太投资集团。这是一家私人股权投资公司，由59岁的庞德文领导，他曾是一名律师，20世纪80年代开始，他为亿万富翁德克森·罗伯特·巴斯进行杠杆收购，并因此发家。

12 月 19 日上午，拉叙斯从兰斯当酒店房间下楼去参加股东大会，结果，一打开会议室的门，他发现满屋子都是律师和记者，还有德太投资集团的发言人欧文·布利克西尔弗，当然还有庞德文等人。桌子上放着好几份备选的公文草稿，而旁边的打印机还在运转。而且，金普斯的整个管理团队也特地从法国赶来了。后来拉叙斯说："当时那个会议室就像是一个挤满蜜蜂的蜂巢。"

原定于上午 7 点半举行的董事会未能按时召开，最终推迟到下午。奇怪的是，拉叙斯和其他参与者都提到是庞德文召开的董事会。

出席会议的法国风险投资基金董事长艾伦·格林表示："拉叙斯的对面是行刑队，只要庞德文一声令下，他们就会扣动扳机。"

应该再次强调一下，本次会议的发起者庞德文甚至不是董事会成员！

在会议结束时，拉叙斯被免去董事长职务。他只在董事会剩下一个席位，而且条件是不得与其他领导者、员工以及员工代表有任何交流（如在美国股票市场监管机构签署的协议中所述）。金普斯首席执行官安东尼奥·佩雷斯也被迫离职。英国咨询公司的老板罗恩·麦克·因托什被任命为临时首席执行官，德太投资集团持有该公司 56% 的股份。另外，得益于德太投资集团的成员以及包括匡特家族在内的一些盟友的支持，庞德文赢得了一个董事会席位。

本文的来源特别值得关注。作者詹姆斯·普莱斯利工作的地方是美国权威机构的核心殿堂，而这些机构是美国成功资本主义的权威代表。

普莱斯利竟然知道我受欺凌的整个过程，对此我感到难以置信！他像几年后的爱德华·斯诺登一样，如此勇敢地、毫不犹豫地揭露了美国对我和金普斯的所作所为。

回到法国后，我向另一位记者吐露心声："当时对我来说，发现有人排除万难、不顾一切地披露事实的真相，表达对我的同情，让我感到极大的宽慰。"

第二天，即 2001 年 12 月 20 日，由德太投资集团通讯社撰写的新闻公告从卢森堡发出，确认了前一天在华盛顿召开的董事会上做出的决定。公告还宣布匡特的代表哈索·冯·法尔肯豪森回归金普斯。他不仅取代了安东尼奥·佩雷斯的位置，同时还担任了董事会主席，也就是我以前的职位。

这一切都坐实了德太投资集团和匡特家族狼狈为奸的事实，因为这关系到匡特家族拥有的宝马和 Datacard 在美国的利益。我们必须承认，在许多情况下，美国政府懂得如何施加各种压力并实施勒索。即便是在今天，我们依然看到特朗普政府通过一些报复性政策打压其他国家的行动。同时，或许出于偶然，Datacard 公司从英国国民威斯敏斯特银行手中收购 Platform 7 之后，原本与金普斯潜在的竞争关系完全公开化了。

正如彭博社记者调查揭露的那样，斯特凡·匡特甚至在我刚被免去职务后两天，即 12 月 21 日，就给六位金普斯股东发电子邮件说："我明确地跟德太投资集团的人讲，在过去 18 个月中，是他们的所作所为让金普斯陷入危机！"他假惺惺地这么做，很有可能是为了打消外界的怀疑，即CIA长期控制匡特家族的活动，尤其是控制匡特在美国的活动。

庞德文的军团有点担心他们的行为会引发法国政治或者金普斯工会的动荡，庞德文再次展示了其擅长的施压伎俩：

——他甚至没等会议结束，就打电话给南法地区区长伊冯·奥利维尔，告知他我被免职的消息，并向他保证公司局势已经稳定，他将竭尽全力推动金普斯的持续发展并保障法国员工的利益。

——他还高价聘请侦探来调查我，试图找到我的弱点。让一些女侦探假扮成应召女郎套我的熟人和记者朋友的话，打探我是否存在应受谴责的性偏好。他们安排好这一切，都是为了向我发起指控，扰乱我的精神和情绪。杰弗里·爱泼斯坦不就是因为组织未成年少女性交易的指控而自杀的吗？幸好，我和这个变态没有任何关系，也没有接触他的性交易团伙。

——他还致电塞尔日·达索，要革新公务机机队。当然，对他和德太投资集团而言，选择达索公司生产的“隼”系列公务机是明智之举。

他不择手段，为美国可疑组织甚至犯罪分子服务。

德太投资集团还任命了法马通（法国阿海珐工业集团和德国西门子的合资公司）前任董事长多米尼克·维尼翁为董事会主席。

庞德文给这个人可观的薪水，让他肆无忌惮地行卑劣之事。维尼翁毫不犹豫地向新闻界发表有偏见的和虚假的言论，向政治人物说我的坏话，在我的员工面前公开诋毁我。

有一次我遇见了他在法马通的两位前同事，其中一位曾是他的上司，他们特意提醒我要小心这个人，并告诉我了一些他在之前的公司惯用的卑鄙手段。他在法马通的时候被称为“内奸”，这可并非无中生有，他为了牟取个人利益竟与本公司的竞争对手勾结。据他们说，阿海珐集团（一家法国核工业公司）成立时，他就“名声在外”了，因他与德国子公司策划的双薪案有关，涉嫌渎职，后被集团开除。

想到这一点，有人就建议我不要去华盛顿。奈何危机四伏，难以脱身。

华盛顿的这次会议完全是非法的，因为我作为董事会主席，会议理应由我组织召开，而且更匪夷所思的是会议地点是在美国。那么，当时金普斯律师团队和董事会成员在哪里？他们又受到了谁的控制呢？

庞德文知道我在中美洲一个与世隔绝的小岛上度假，所以选择在华盛顿开会看起来很合理，因为这似乎对我来说很方便。这次会议决不能在法国或卢森堡举行，因为那样我就有机会征求其他董事的意见，并获得达索公司等股东们和员工代表们的支持。我独自一人在加勒比海岛上的时候，那些没事从来不联系我的人突然给我发传真甚至给我打卫星电话，其中就有斯特凡·匡特等人。他们完全听命于德太投资集团，想尽办法说服我参加这次会议，这正是让我落入陷阱的关键所在。

面对一个过于强大且不知廉耻的敌人，我突然发现自己特别孤立无援。

说到我的故事，我们如今似乎习惯于把美国不好的地方都归咎于特朗普。但是特朗普真的与金普斯事件无关。因为，在这个“金普斯传说”中，我们所有的麻烦都是从比尔·克林顿上台开始的，并在 2001 年他的“统治”末期达到顶峰。而且，庞德文好几次跟我炫耀他与“克林顿一家”的亲密关系。

显然，美国当局并没有因为小布什颁布的《爱国者法案》而轻松多少，不但不得安宁，反而到了奥巴马时期压力更大，毕竟斯诺登事件正是在那时曝光的。这时，法国政府反而更追随美国政府，当斯诺登想从俄罗斯前往拉丁美洲时，法国还禁止其飞越法国领土。阿尔斯通事件以可耻的方式结束了，往上一层说，法国政府是个卑鄙的帮凶。可怜的弗雷德里克·皮耶鲁齐被关押在美国监狱中两年，条件恶劣。而法国政府没有对此进行任何干预，当然也没有阻止美国通用电气公司控制原本由法国开发和资助的具有战略意义的商务活动。

下面将详细讲述在法国发生的一则可耻事件。在此事件发生之前，金普斯已经有 12 年历史。在此期间，法国政府也没有采取任何措施来保护我们公司免受美国的“压制”。

## 其他一些可疑的资本主义“行径”

银捷尼科事件是一个教科书级的案例，税务机关和金融市场管理局应该对此进行严肃调查。

在这件案子中，艾伦·格林非常可疑。他曾担任我的顾问和私人财务伙伴，利用我容易轻信他人的弱点（换句话说是我太天真）策划了一系列可疑的交易，而且还是团伙作案，涉案人员有他的奥地利金融合伙人、他在德太投资集团的朋友以及他在当地的同谋。

毫无疑问，在我看来，艾伦·格林与双面或三面间谍有联系。他之前带我看过摩萨德特工活动的地方，就在巴黎香榭丽舍大街附近他姐姐的酒店里，我还在那里见到了以色列驻联合国大使，当时，他的女伴向他抱怨自己受制于以色列的一些部门，而他们旁边就坐着德太投资集团的某些领导人。

2010 年艾伦·格林试图让一家美国基金接管银捷尼科，除此之外，他还非常热衷于操纵股票市场，他参与了很多商业事件，尤其是一些媒体大肆报道的上市企业纠纷，比如法国奢侈品牌巴卡拉，法国雇主联合会前主席皮埃尔·加塔兹的家族企业雷迪埃集团等。

我们被邀请到他位于迈阿密海滩北部阿文图拉的高级公寓里做客，我的妻子在翻我公文包的时候，惊讶地发现已经有人解开过我的密码锁了，当时我就对他起了疑心。

这是一段值得“称道”的关系，一个值得“称道”的“朋友”，不是吗？

## 萨基姆案

还有一个变态打击活动不仅伤害了金普斯，还损害了法国的国家利益，而活动策划者还是德太投资集团和庞德文。

现如今，萨基姆集团已是法国国防电子和通信领域的领军公司。该公司还制造其他一些民用器械，如电表、停车收费表、电视解码器和其他无线电话。唯一缺少的就是金普斯的珍宝——芯片卡。有了芯片，萨基姆集团便可以为最终客户提供全球无可匹敌的解决方案，且所有设备百分之百产自法国。

为了对抗同一个主要竞争对手——法美集团斯伦贝谢，我们这两大公司就这么相遇了。

安全领域市场广阔。萨基姆集团也看好这块市场，其子公司莫弗安全系统正在开发生物识别程序。同时，金普斯的产品支持“安全便携式物品”，其提供的解决方案可以轻松集成到门禁系统、交通票证以及各种官方行政证照，例如身份证、护照、驾驶证或选民证。

在销售和市场营销方面，萨基姆公司作为系统集成和项目管理（尤其是军事方面）的专家，业务主要集中在法国。而金普斯90%的营业额来自海外市场。这种互补性再次成为产生双方收益协同效应的天赐之物。

唯一使这幅“田园画卷”受损的事情是，银捷尼科投资金普斯。此事或给萨基姆蒙上了一层阴影。实际上，情况并非如此，经过分析，两家公司的领域明显不同。银捷尼科只专注于电子支付终端市场；而萨基姆主要活跃在电信和安全领域。

在另一个层面上，萨基姆的股东主要来自法国，法国政府通过阿海珐集团和达索公司在萨基姆拥有股份，而且达索在金普斯也持股。此外，萨基姆员工持有公司大比例股份。

20 世纪 90 年代，我经人介绍认识了萨基姆的老板皮埃尔·福尔，他曾以优异的成绩毕业于巴黎综合理工学院，决断力过人，多次凭借自己神奇的能力逢凶化吉。1985 年，他出色地完成了有史以来最重要的一次 RES（员工收购公司），成功维护了公司的独立性，这可以说是一次史诗级壮举。在他的公司，员工持股 70%，而且在过去的九年中，他们最初的股价已经翻了十倍，因此员工非常感激他。此人为人忠诚，十分正直，最重要的是，他有独特的预判力和爱国情怀。

福尔作为金普斯的董事，非常关注公司的战略活动尤其是国际事务，本来可以在我落难的时候帮我一把，但可惜的是，他于 2001 年英年早逝。

后来，我找了另外两个人商讨对策，皮埃尔·福尔的继任者，萨基姆后来的老板马里奥·科莱亚科沃及其子公司莫弗安全系统的老板格雷瓜尔·奥利维耶。这两次讨论促成了两家公司进军阿曼苏丹国和阿联酋以及之后进军西非国家和加拿大的联合行动。莫弗安全系统公司专门研究生物识别领域的后台和集成系统，尤其包括信息录入这一关键功能，即通过车辆上的移动装置来收录一国公民的个人数据。因此，这种技术甚至可以在网络未覆盖到的偏远地区使用。金普斯则确保这些生物识别数据在芯片中的装载、存储和保护，芯片才是系统的核心。

不过，我们的合作还是出现了一些问题。而且，萨基姆在得知金普斯与科进国际公司有来往后，感到了一丝担忧。科进是一家在美国加利福尼亚州新成立的公司，迅速成为生物识别数据库处理领域的领导者。实际上，我确实与这家公司的创始人相交甚好，他是一位杰出的美籍华裔工程师，名叫谢明。很快，美国安全部门便采用了他们的系统，全世界的警察部队都对他们的产品感兴趣。

科进的技术产品能够在几毫秒内扫描包含生物识别信息的超大容量数据库，并从中提取信息，用于甄别边防哨所或机场出现的可疑人员。随着世界各地人员流动越来越频繁，科进的市场前景一片光明。

我和谢明都希望可以达成合作，金普斯将以一个合理价位并购他的公司，这在战略和资本上都是一次机遇。意外的是，合并项目立即遭到了美国当局的反对，当然也遭到了金普斯内部德太投资集团代表的反对，他们很明显要阻止我的计划、反对我的倡议。

尽管如此，有一段时间，我还是继续和谢明并肩作战，他也因此对我心怀感激。在他的陪伴下，我拜访了伦敦警察局，他们最终决定购买科进的产品。新加坡当局也做了同样的决定。同时，我的长子布鲁诺将加入美国科进团队，负责国际市场营销。不久之后，科进公司便在美国上市，很快市值超过数十亿美元。本来我们信心满满、跃跃欲试地憧憬着与科进合而为一，结果却没能成功。毕竟我们不能随意拿走美国的“金块”。

无论如何，萨基姆和金普斯的合作伙伴关系仍将继续。

1999 年底，布尔公司由于市场不景气，急于出售在银捷尼科的股份，我就顺势买下了这些股份，自此我成为银捷尼科的大股东。当萨基姆的马里奥·科莱亚科沃得知这个消息后，立即联系我，试图拉近我们的关系。但金普斯董事会加入了很多外国股东，而且金普斯刚刚在巴黎泛欧证券交易所和纽约纳斯达克上市，所以双方的合作进展并不顺利。

我和德太投资集团的代表在公司里的关系越发紧张。我怎么也想不明白这些不请自来的人的真实意图。但当我想明白的时候，为时已晚，他们千方百计、处心积虑地谋划这一切，目的只有一个，就是把我赶走，霸占金普斯，把法国的瑰宝技术据为己有。想想两年前，我还心心念念地想着征服美国市场，把金普斯推向国际化高科技公司的舞台。后来，德太投资集团大张旗鼓地到来，成为金普斯发展的转折点，自此金普斯的发展变得举步维艰。

现在一切都很明了，德太投资集团的霸权目的很明确，而且不仅仅是精神霸权。德太投资集团扮演 CIA 探子的角色已经不再是秘密。一些法国机构，特别是国民议会，开始意识到一家法国战略公司的技术要落入美国人的手中了。其中，国民议会议员伯纳德·卡拉永就此事发起过激烈辩论。此人具有经济爱国主义情怀，积极投身工业领域、公共事业，有经济头脑，善于做情报工作，还具备信息通信技术领域的知识，因而在国民议会中小有名气。他逐渐得到了法国当局的支持，当局开始接受他所说的事实。正是在此背景下，法国成立了一个以萨基姆为核心的财团。该财团将实施重新夺回法国控制权的计划。

时任法国工业部长弗朗西斯·梅尔指示萨基姆收购我以前所

持有的股份。该交易立即交由罗斯柴尔德集团的执行合伙人格雷瓜尔·谢尔托克主持。

Salamandre 是一家私人战略咨询公司，被认为与法国对外安全局关系紧密，专门研究敏感问题，并以经济爱国主义的名义行事。在这家公司的倡议下，2002 年 11 月 26 日财团举行了一次秘密会议，商讨对美发起反攻。与会人员除了萨基姆的马里奥·科莱亚科沃、格雷瓜尔·奥利维耶、蒂埃里·达索，还有阿海珐的掌权人罗薇中，实际上阿海珐是萨基姆的大股东且由法国政府控股 45%。这场会议由 Salamandre 公司的代表主持。

金普斯的股东蒂埃里·达索做了陈词："金普斯是一个冲突集合体，聚集了美国人（德太投资集团）、德国人（匡特家族）和一群法国人。这是三方争霸的局面，本来就不稳定。我们的行动要出其不意：要从金普斯的资本下手，通过扰乱匡特家族来粉碎德太投资集团体系。如果行动成功，那么按照德太投资集团的财务逻辑，他们最终会出售手中的股权。"

这样，达索、阿海珐和萨基姆的联合行动又把我创建的公司夺回到法国人的手里。实际上，在政府的压力下，萨基姆最终是独自完成这次冒险行动的。在此期间，美国还威胁萨基姆要进行经济报复，后来此事被两位与该案件密切相关的公司领导披露。在这个转折点上，局势一片大好，公司的财务总监埃尔韦·菲利普坚持向新闻界宣称，他单纯是出于商业动机："我们的主要目的是和阿联酋建立伙伴关系，旨在为其提供能够储存包括指纹和眼球等数据信息在内的芯片卡身份识别系统。"他还特别强调，此次行动，公司能够以 1.6 欧元 / 股的价格转售曾以 0.85 欧元 / 股购进的股票，从而获得大约 2 000 万欢元的可观资本收益。然而，他还提到了行动的根本原因：来自美国国会议员的强制令。在所谓的腐败背景下，他们准备采取报复性手段来获取市场，特别是在非洲国家的市场，因为那里的交易都是以美元进行的。这些手段为 12 年后发生的阿尔斯通事件做了铺垫，美国人用同样的手段对法国的高管进行恐吓，等他们一到美国就将他们逮捕。法国生产复苏部长阿尔诺·蒙特布尔只会夸夸其谈，却无所作为，而首席执行官帕特里克·克朗耶不堪美国人的威胁也最终屈服。自从金普斯事件发生以来，这些卑鄙手段仍屡见不鲜，令人唏嘘不已，并且几乎没有人关注实际情况。

德太投资集团开始在我身边布下天罗地网。当银行要求我立即偿还债务时，我束手无策，只能眼睁睁看着他们没收我的资产。一夜之间，我一无所有，我在金普斯的股票，还有我所有的财产，包括我在伦敦的公寓，以及我让法国造船厂 CMN 和 JMV 建造的“芭芭雷塔夫人号”双体船。船壳是碳制的，制造技术一流，后来被亿万富翁理查德·布兰森相中，以 530 万英镑买下，而这个价格远低于它的实际价值。

“金普斯事件”成了典型案例，最终还波及了政治领域。2003 年 12 月 1 日，法国举行了一场史无前例的企业家高端会议，法国情报部门的代表也参加了。

在会上，反经济间谍活动的负责人让 - 雅克·马蒂尼谈到当初意识到事情的严重性时已经太迟，并呼吁“继金普斯事件之后，每个人都应该更加小心，以防此类事情再次发生”。

国民议会议员伯纳德·卡拉永强调：“我们必须明白，在公司冲突的背后，是国家间的经济利益冲突。在商业运作的背后是欧洲的整体面貌。欧洲应该成为世界的花园、游乐园还是创造财富的重要产业园和研究实验室？我们是否应该为工厂外迁和人才外流而受到谴责？”他还倡导建立以美国现行法为蓝本的法律，认为这是保护自身经济利益的真正屏障。

为了说明这一点，我们将参考有关“阵风系列”战斗机的最新销售情况。阵风战斗机由达索公司设计，技术一流，但实际上其出口销量却十分惨淡。2015 年，埃及购买了 24 架阵风战斗机来保卫其领空。这是一份重要且具有象征意义的合同，除了战斗机之外，他们还附加了驱逐舰以及两艘“米斯特拉尔”直升机母舰和导弹。

就在埃及考虑再订购 12 架飞机时，美国采取了行动。依据美国法律,他们反对这笔交易并拒绝给达索公司提供组件。在“斯卡普”巡航导弹中出现了“美国制造”字样的小型电子芯片，而导弹本身是由欧洲最大导弹生产商欧洲导弹集团制造的。由于交易合同是以美元为单位计价，就更方便美国的介入。这很好地说明了美国法律的域外性——能够肆无忌惮地触碰欧洲大型工业集团的贸易政策。

此次会议中，我们还听到了后来当选为法国总统的萨科齐的精彩发言：“自从我当上内政部长以来，给我留下深刻印象的一件事是，经济战不是一个概念，而是事实。如果我们不再与美国合作伙伴的战略利益一致，明天将会发生什么？我们必须要问问自己！”

在此次“金普斯事件”中，法国表现得软弱无能，公权力觉醒得太晚，某些情报部门的特工面对德太投资集团时过于天真，他们表示不方便介入私企事务。但许多事实已经证实德太投资集团的确是 CIA 的经济间谍。尽管如此，法国却一直在考虑其他与反恐相关的关键利益问题，如美国《爱国者法案》，所以一开始并没有重视“金普斯事件”。

最终，在 2006 年，德太投资集团代表金普斯与跨国公司斯伦贝谢旗下芯片卡子公司雅斯拓进行合并。合并后的公司在华尔街上市，总部恰好设在加勒比海南部的库拉索岛。在美国最高当局的掩护下，德太投资集团最终完美地完成了任务，顺利从金普斯撤资。

然而，一切还没有结束。2019 年 7 月 11 日，阿尔诺·蒙特布尔在参议院举行的听证会上义愤填膺地说：“当时，由于受到美国司法指控，阿尔斯通总裁柏珂龙先生为了避免牢狱之灾而背叛了自己的国家。”他还说：“这是民族之耻，我们不能就此罢休，要行动起来夺回我们的利益。”

因此，他指责政要人物失职且缺乏对抗美国的勇气，意指奥朗德总统以及当时身为财政部长的马克龙。他发自内心地呼吁必须取消阿尔斯通的出售合同。他建议一切回到从前，认为这份合同签订的初衷是要创造 1 000 个工作岗位，而今显然没有遵循合同预期，而且结果令人沮丧：1 000 个工作岗位即将消失。

可惜，阿尔诺·蒙特布尔部长终究还是失败了。

美国的控制癖如同癌症一般由来已久、根深蒂固，法国人就算想破脑袋，也想不出药方。

故事的结局是，金普斯被严重肢解，美国依靠间谍系统建立起了一套“监视资本主义”。其中唯一的亮点，就是最终由法国泰雷兹集团（法国传统的军工生产企业）掌权金普斯，也就是后来的金雅拓，或许这是受法国政府的指示。捕食者德太投资集团见大事不妙，无猎物可取，便自动退出了舞台，毕竟，如今单靠美国五大科技巨头（GAFAM）[①] 便足以继续监视全球，巩固其统治。但是，法国的人力战略计划却因此损失惨重。

① 即谷歌、亚马逊、脸书、苹果和微软。

# 法国21世纪首个独角兽公司的陨落

在这个令人忧伤的故事中，我独自一人对抗美国强权势力，结果不仅对我影响深远，也对我的亲朋好友造成了极大影响。

金普斯作为“法国21世纪首个独角兽公司”，其财产、技术以及独立性都遭到了严重侵害，但法国却从未试图捍卫金普斯，亦不曾保护过我。

或许是因为两国领导人之间存在太多私利纠葛，尤其是在金钱方面的利益，这一切都暗藏在美法两国情报部门发表的一些有关反恐的冠冕堂皇的言论之中。特别是小布什政府在2001年“9·11”事件后发布了著名的《爱国者法案》，接着，美国便对伊拉克和利比亚等国家的人民实施了报复性犯罪行为，就是很好的证明。

我从未加入他们的“系统”之中，但也为此付出了惨痛的代价。

令人难以置信的是，美国通用电气收购阿尔斯通一案所用套路几乎与 14 年前金普斯事件如出一辙。可以说，法国在过去这些年里没有任何改变！

阿尔斯通被收购后，法国媒体和政坛几乎无动于衷，而在这次事件的主要受害者也就是我朋友弗雷德里克·皮耶鲁齐出版《美国陷阱》之后，他们也没有做出任何回应。弗雷德里克在美国监狱被关了两年，直到被迫认罪才获释，而法国政府竟对此没有进行任何干预！

这明明是国家事务，但法国却没有对此高度重视，因为一旦深究便会牵扯到很多人，甚至是触及法国高层人士的利益。

美国的卑劣行径还在继续！既然还未受到惩罚，美国的确没有理由就此收手。

美国调查新闻网站拦截者上曾根据爱德华·斯诺登披露的信息发表过一篇长文，该文章详细介绍了英国政府通信总部（GCHQ）的黑客如何“拦截”金普斯（现为金雅拓）用于保护 SIM 卡通信安全的密钥。作为全球销量领先的 SIM 卡生产商，金普斯也曾公开承认遭受过大规模间谍入侵。

英国政府通信总部可以说相当于美国国家安全局的分局，虽然位于英国西南部，但其财务和技术都由美国提供支持！二者联合开发的黑客技术，在无须电信运营商或外国政府合作的情况下，便可破坏移动电话网络的通信安全。默克尔和奥朗德等国家元首都曾以这种方式被窃听，在 2011 年巴黎召开的 G7 峰会上，他们更是直接向奥巴马就此事提出了控诉。但到目前为止什么都没有改变！

美国使用金普斯 SIM 卡监视全球的行为由来已久。在那张摄于 2000 年的照片中，美国总统比尔·克林顿以胜利者的姿态挥舞着一张金普斯卡，从那时起，美国的全球监视行动便开始了，并且在小布什时期（2001—2009 年）和奥巴马时期（2009—2017 年）一直延续。再后来到特朗普时期，美国五大科技巨头也都参与其中，如今拜登上台后依旧没有改变。美国显然没有任何理由停止这种监视行为！

我们已经收到警告并且因此受到严重影响，而我们能做的，只有保护好自己。

04

第四章

# 一起创造不一样的未来

金普斯拥有数十亿用户，掌握着诸多技术，而且能够运用自身的技术收集个人信息。只不过金普斯过早地问世了，也许15年后才算得上是合适的时机。

自从美国五大科技巨头及其全球数据库采用了大数据及人工智能技术之后，它们所使用的技术都会全部提供给CIA及NSA。他们现在提供的数据可以监测全球。尽管最近仍曝出了金雅拓芯片遭遇黑客入侵一事，但是相较于这些巨头企业处理个人数据的能力，用黑客入侵芯片的方式收集个人数据早就已经落伍了。

在“9·11”事件之后，美国政府启动了用于大范围监视公众的“棱镜”项目。通过与五大科技巨头暗中交易并进入其数据库，美国政府调查个人情报的范围变得史无前例地大。这正是爱德华·斯诺登自2010年以来揭露的事情。

正因此事，我们金普斯成了受害者。21世纪伊始，我们发明了 SIM 卡，并因此提供了全球第一个可以用来搜集个人信息的工具。

不过就在刚刚，美国联邦上诉法院裁定美国国家安全局监听公众的行为违法。这是个好消息吗？

并非如此。因为只有在美国领土上对美国公民的监听行为才是违法的。这一裁决并不适用于美国领土上的外国公民，也不适用于世界其他地方。而美国五大科技巨头搜集信息的范围遍及世界各地。

因此，美国国家安全局得以继续在美国以外肆意妄为！

# 美国旧秩序面临的众多严峻问题

我必须用全球经济的几个非常重要且令人担忧的数据来证明我的观点。

## 债台高筑的国家

考虑到新冠肺炎疫情造成的破坏，债务数据会更加令人担忧。

截至 2019 年 5 月 31 日，美国的债务总量达到 74 万亿美元，相当于其国内生产总值的 3.5 倍。

而到了 2020 年 9 月 30 日，即 16 个月之后，美国债务数额达到了 82.14 万亿美元，也就是其国内生产总值的 4.2 倍。

换言之，美国债务每天增加 125 亿美元！

我们生活在一个怎样的世界！

美国全国的总债务包括家庭、学生、企业、地方机构、金融机构（包括养老金机构、保险公司、公民储蓄）的债务，当然还有联邦政府的债务。

如果发生债务崩溃，一定是美国公民遭受最为严重的损失。在最近的美国大选过后，美国社会状况就如同我们所知道的那样：国家陷入严重分裂，美国人几乎分裂成了势均力敌且相互敌视的两派；种族关系紧张；枪支问题泛滥，民众手里有超过 3 亿支枪，并且就像西部片拍的那样，他们的手指常常就放在扳机上。美国过度依赖信贷，个人也不例外，因此不难想象其破产之后将产生怎样的后果。

但是美国并不会是唯一陷入此类危机漩涡的国家。许多持有美国债券的国家都会被美国拖下泥潭，但如今持有美国债券又能得到什么保障呢？

亚洲总共持有 3.853 万亿美元的美国债券，其中日本就占了一半，而亚洲还在持续增持美国债券。欧洲则持有 2.15 万亿美元的美国债券，其中英国、爱尔兰、比利时和卢森堡持有的金额尤为巨大。原本法国是受到美债危机影响最小的国家之一，但自从马克龙当选总统之后，情况也在持续恶化。

所有选择同美国的命运相联结的国家，通常都必须忍受主权受损的压力。现在这些国家都被卷进了这场规模空前的危机当中，因为美国坑害了自己最亲近的“朋友”。特别是法国，为自己的好盟友美国承担了巨大的风险。法国的 CAC 40 股价指数，受控于纽约侨民创立的美国贝莱德集团养老基金，而该基金持有大量美国债券。因此如果美国“庞氏骗局式”的债务系统崩溃，贝莱德集团显然会受到严重影响，那么法国的 CAC 40 股价指数也会一并受到牵连。因此，法国别无选择，只能全力支持美国的债务体系，因为美国债务体系的崩溃会导致法国经济的崩溃。只有少数几个国家得以占据有利地位。值得一提的是：斯堪的纳维亚五国（即丹麦、瑞典、芬兰、挪威和冰岛），意大利，巴西在内的拉丁美洲，德国，俄罗斯以及中国，不会被卷入美元大幅贬值的风波当中。

比如，俄罗斯就抛售了几乎所有美元储备，转而大量购买黄金。这么做的目的是为了避免受到美元这一广泛使用的“制裁武器”和美国债务的危害。俄罗斯目前手里持有的美债仅有 50 亿美元，是法国的 1/26。

中国一直以来都很谨慎，已经有一段时间没有增持美国国债了。的确，如果美国经济崩溃，中国将失去仅次于欧洲和亚洲的第三大贸易伙伴——美国，并受到严重影响。但是，中国拥有广阔的国内市场和快速发展的巨大的欧亚市场，这会让中国比大部分主要国家更容易摆脱困境。而且，中国还有强大的政权，以及在危急时刻能够团结一心、共渡难关的中国人民。

考虑到新冠肺炎疫情会不可避免地造成影响，我们上面描述的情况可能会进一步恶化。

## 美国逐渐开始自我怀疑

### 军事领域

自第二次世界大战以来，美国便一直扮演着“世界警察”的角色，并在柏林墙倒塌之后不断强化其地位。然而目前这一地位已经明显开始动摇。一方面，试图控制世界上所有的海洋和陆地对于美国经济而言负担太重。同时，这些战争与传统的战争大不相同，没有确定的前线与明确的战场，因此美国人民不理解这些战争有什么意义，更难以接受士兵在外战死。

另一方面，俄罗斯在核导弹的射程和速度方面取得了巨大进步，使得美国的防卫系统几乎都过时了。更不必提俄罗斯那些能够潜到水下 400 米深处，有可能派往美国监视其沿海大城市的无人潜航器了。

过去人们常说一句话："债务激增不是大问题，因为我们都知道这些债务永远不会得到清偿。只需要一场小小的战争，便能让债务清零。"但现在这句话已经不再适用。到 2021 年，西方将不会再像 20 世纪那样，能够在世界大战中取得胜利。在我看来，世界的重心已经转移了！

## 网络战和网络空间

我们刚刚迈入的是所谓"搬起石头砸自己的脚"的领域，或者换个说法，就像"回旋镖"那样，发射之后会直接反弹到自己脸上。

美国可以通过 CIA 和 NSA 系统性地监视全球各国的领导人、企业和机构却不会受到任何惩罚。2018 年，唐纳德·特朗普签署通过了"云法案"。这一法案使得美国五大科技巨头更加服从美国政府的管控，并允许美国政府以维护国家安全的名义，搜索其位于其他国家的服务器数据。这对于世界各国而言都是无法忍受的。

在越南战争期间，以及在反对种族隔离斗争期间，一些美国大学反对美国政府的做法。我们希望像他们那样，让人们认识到美国五大科技巨头才是对美国和人类民主的威胁。

在我看来，哈佛商学院的名誉教授肖莎娜·朱伯夫是在美国科技巨头如何窃取我们的私生活这一议题上剖析得最好的学者之一。她在 2019 年于美国出版了新书《监视资本主义时代》。在这本厚达 700 页的巨著中，她解释了脸书和其他公司是如何让我们进入资本主义新时代的。这些公司以完全不透明的方式积聚权力，甚至威胁到了人们最基本的自由权力。在书中她提到了“监视资本主义”。在“监视资本主义”时代，我们的存在本身变成了一种全球经济新秩序的生产资料。只有少数超级国家和私人代表，在悄然无声地攫取和利用极权和工具性权力，从而改变个人和社会的行为，甚至操控选举。现在是打破现有状态，进行重启的时候了。仅仅依靠反垄断诉讼和拆分巨头的威吓是不够的。

但是，美国似乎也意识到它正在被自己设下的陷阱所困。之前，美国曾猛烈抨击中国限制互联网自由，比如指责中国要求脸书过滤其内容。美国一直在为美式民主的伟大历史长河中神圣的“保护言论自由”摇旗呐喊，强烈抗议中国的管控。但是现在，美国却要限制中国字节跳动公司旗下的抖音海外版在美国市场的运行，因为特朗普政府怀疑这款应用是“中国间谍”，会窃取用户信息，并要求由一家美国公司接管。中国禁用脸书的要求遭到了西方国家的批评，但是这件事最终证明了中国的做法是正确的。这就是为什么我在前面用了“搬起石头砸自己的脚”这一说法。

还有一种情况让美国政府深感忧虑。2020 年 10 月 1 日，美国众议院情报委员会组建的调查委员会的报告称，CIA 和 NSA 将在战略、政策和军事层面被中国对手全面超越。众议院情报委员会主席亚当·希夫的分析称，美国被超越的原因是在“9·11”事件发生以后，美国将所有资源和技术转向了反恐和针对中东的军事力量。他强烈建议美国采取有力行动，使自己可以在世界多地及网络安全领域重新获得政治和经济影响力。

因此，NSA 就在最近发布公告，列出了中国黑客为了获取美国的敏感数据而正在利用的 25 个美国网络系统漏洞。美国认为这些黑客正是由中国政府远程操控的。

正如 2013 年 NSA 承包商前雇员爱德华·斯诺登所揭示的那样，全世界都知道 CIA 通过“棱镜计划”从事全球最大规模的网络窃密行动。需要补充的是，2020 年 11 月两家瑞士加密公司 Omnisec 和 Crypto AG 曾被曝出在为 CIA 工作，同时与德国间谍合作，为某些国家的联邦机构、银行和私营企业销售提供留有后门的加密通信设备。

## 美国担忧的其他问题

美国经济不景气的第一个表现就是美元作为历史标准货币的地位受到威胁。越来越多的国际交易避免使用美元，因为美国曾利用以美元结算的霸权地位制裁过很多国家。在许多石油和能源交易中，美元不再是交易货币。

第二个让美国领导人担心的问题就是人口变化趋势。美国白人在 2050 年之前就会失去其在多数族群中的地位。自 2011 年以来，美国境内“非白人”的新生人口首次超过半数。[①] 面对这一人口趋势，一些保守派的白人领导人可能会感觉受到威胁，并采取激进措施。

第三个问题是，美国在过去几十年里已经从各地零散的农业种植转变为集约化农业生产了。一个灾难性的后果是大部分的美国人都在吃油炸食品，而这会对健康造成负面影响。我们只需要看看许多肥胖的美国人在快餐店或者超市大吃特吃的可怕景象，或者观察美国高得吓人的肥胖率和心血管疾病发病率，以及疲软无力的美国医疗系统就能明白。

即使是在文化领域，美国的境况也令其领导人担忧。具有讽刺意味的是，由于数字化普及时代的来临，好莱坞在历史上长期确立的全球统治地位可能不保。现在几乎每个人都可以创作文化产品。随着地方性、民族性和主题性网络时代的来临，美国社交网络（如脸书）对政治的过多干涉及其对大众舆论实行绝对控制的企图最终会引火烧身。

第一次世界大战结束后，时任法国总理乔治·克列孟梭曾提及美国总统托马斯·伍德罗·威尔逊。在此处引用他的话是合适的：“威尔逊实在是太擅长在没有参加过的战争中获利了。”

① 来自美国布鲁金斯学会人口统计学家的统计。

## 越来越多的国家反对美国

一些欧洲国家，特别是法国，发现在诸多领域都必须对美国企业实行严厉监管并限制其介入。

例如，到目前为止，美国五大科技巨头利用不平衡的税收安排来逃避税收。这种做法让人难以接受，并已演化为一个严重的问题。同样，互联网巨头说客对欧盟委员会展开游说的行为也是不可接受的。比如，相关游说活动最近便引发了欧盟工业、数字及防务产业高级专员蒂埃里·布雷东与脸书首席执行官马克·扎克伯格之间的激烈冲突，而布雷东与谷歌首席执行官桑达尔·皮查伊也发生过摩擦。

对于布雷东先生而言，互联网环境不应是无人监管的“美国西部”。所以，欧洲将实施《数字服务法案》，旨在对数字世界实行更严格的监管。

此外，在二战结束和柏林墙倒塌之后，人们曾期待进入一个多边平衡、多边合作、局势缓和的新世界，但让很多人感到难以接受的是，取而代之的是一个由美帝国主义统治的、超越国家法律的、单极的、令人窒息的世界，这个世界充满了不公正和罪恶的军事干预。

现在，回到美国债务无限扩张这一问题。美债的不断扩张引发了西方国家的巨大担忧，并迫使西方国家考虑经济“大重置”项目。这一项目是在 2020 年 1 月的世界经济论坛上提出的，具体内涵是让一切清零，在新的基础上重新开始，并承诺采取更道德的行为。“大重置”这一概念显然是由全球主义者和西方人提出的，简言之就是在他们的控制之下建立新的世界秩序。西方国家在过去三四个世纪里占据世界经济的独霸地位，没想到世界经济竟会落到今天这般田地。

我很想看到，中国在不做出重大让步的情况下，假意答应让西方国家恢复对世界经济的领导和统治，并接受这一对西方国家有利的“大重置”的情景。在我看来，中国会很自然地持观望态度。中国可能也会受西方经济崩溃的影响，但受到的影响要小得多，因为中国牵涉其中的程度不高。事实上，在当前美国债务危机导致的世界经济异常严峻的形势之下，中国是应对得最好的。

无论世界经济论坛提出的“大重置”是什么，这一论坛都因为受新冠肺炎疫情的影响而无法在 2021 年 1 月如期举行。该论坛预计会被推迟到 2021 年 8 月在新加坡举行，而这还是在最理想的情况下。

但是，难道我们不会走到历史的关键转折点，目睹美利坚帝国的垮台吗？

在人类的历史长河中，难道不是所有的帝国有朝一日都会崩溃吗？这是无法避免的。

# 如何避免跌落他国陷阱

为了捍卫自己，建设更好的世界，我们能够采取什么措施？我们应该如何应对？

金普斯和我个人遭受的恶行与攻击，使我不得不考虑采取更深层的措施来保护我们未来的生活、我们的公司，当然还有我们的朋友及同盟的公司，从而保护我们的业务。希望读者不会为此感到惊讶。

美帝国主义的行径使我蒙受了重大损失，而且我还处在面对美国进攻的第一线。但我认为自己已经吸取了教训，我再也不想陷入圈套当中了。

在吸取这次不幸经历的教训后，我提出了几点设想，可以与认真、积极、有创造性及凝聚力的伙伴一道付诸实践，共同避免再次受困于美国的魔爪之下。

亲爱的读者，为了能够建成一个更美好、更独立的世界，下面是我所要阐述的重点。我们的行动将集中在：

——构想一个全新的商业世界。

——将我们的优势与技术、人口和社会的主要趋势相融合。

——广泛利用我们各自的特长。

——掌握并克服我们的弱点。

——汇集我们各自的创造力并重视教育。

在这里，请允许我与你们一起围绕这些主线展开论述。

# 构想一个全新的商业世界

金普斯的传奇经历，在法国已经成为经典案例（不过法国政府对这个教训认识得太晚，没能保护我们）。透过这一案例，你们应该能够明白美国如何利用其全部的金融及司法权力，在先进工业领域强制推行帝国主义，而且这一行径目前也逐步扩展到了数字领域。美国的目标很明确，那就是确保对世界经济的掌控。

那些试图反对美国的人可要当心了！美国的司法武器不讲情面，美国政府打着“法律战”的幌子，搭建了强大的司法框架，从而发展出一整套制裁系统。

美国展开的“法律战”，范围可以延伸至其境外，目的就是攻击和惩处被美国司法认定为敌方的国家或者项目。最近我们不就能够看见像雷诺、标致雪铁龙和道达尔石油这些法国企业，仅仅因为唐纳德·特朗普的一道禁令就被迫离开了伊朗市场吗？同样，我们难道没有看见法国达索飞机制造公司被禁止向埃及销售阵风战斗机，理由仅仅是其中装载的一枚导弹含有一块产自美国的小型电子元件吗？

最后，仅以美国最臭名昭著的攻击行径为例，我们目击了美国对中国企业充满敌意的行为。最近，中国的两大电信巨头中兴和华为便深受其害。中兴因为在伊朗和朝鲜出售产品而遭到制裁，华为则是因为在5G技术取得了领先地位，而使美国无法接受。华为创始人任正非的女儿，同时也是华为首席财务官的孟晚舟，在加拿大时被美加两国合谋逮捕，而且还面临被引渡到美国的风险。所有这些都是美国以“间谍行为”为借口进行的虚假指控。

为了防止美国滥用权力，我同合作伙伴商讨之后，会在自己的商业活动中采取以下强有力的措施。

首先，我们在任何情况下都不会在交易中使用美元结算。事实上，法国天然气集团道达尔之所以被迫退出伊朗市场，就是因为石油的美元计价机制。所以我们只会选择欧元、人民币与卢布作为贸易结算的货币。黄金这一担保货币或许同样重要。

其次，为了最大限度地避免来自美国的报复，我们应当拒绝使用任何产自美国的“工具”，特别是在互联网领域。这显然包括了不要使用美国五大科技巨头提供的产品与服务，以及受美国管制的互联网。华为推出了自己的操作系统鸿蒙OS。我们认为这个做法很好，可以让我们摆脱谷歌开发的安卓系统及苹果开发的iOS系统。也正因如此，我和中国朋友在我们的“口袋”里，也就共同拥有了一套能够完美适应物联网环境的操作系统，而物联网很快将会遍布全球。我们的操作系统将在每个方面都比现有的系统优越。我们可以将其与金普斯芯片类比，金普斯制造的芯片在当时引领了手机产业的腾飞，并成为全球通行的产品。物联网及其管理不应再落入美国佬的“口袋”里了。

在这一新领域，与潜在的中国伙伴进行合作将非常有益，特别是涉及物联网在欧洲、非洲、南美洲和亚洲的管理部署。

最后，正如我们所看到的，控制半导体元件至关重要。我们在芯片卡产业刚起步的阶段就已经意识到了这一点了。如今在电子元件领域，美国的反制措施让人难以忍受。我们需要在这些技术领域实现完全的独立自主，同时我们也要对一些来自“美国附庸”的渠道保持警惕。只要美国一声令下，这些国家或地区便会断供。台积电便是一个很好的例子。在美国的威胁之下，台积电被禁止继续向华为销售产品，而很多产品却只有台积电才能生产。台积电只能哑忍。这实在令人愤恨！这简直是长期性讹诈！

在这方面，我认为中欧之间的合作具有重要的战略意义。

# 将我们的优势与技术、人口和社会的主要趋势相融合

我们刚刚谈到了在信息及数字技术领域不再受制于人的好处，而这一切都有赖于关键的电子元件。

然而，还有一些战略领域对于中法两国也很重要，特别是能源、水、某些关键矿产、农业、医疗及教育领域。

中国和法国（以及更广泛意义上的欧洲）可以在这些领域展开合作，并对非洲这一非凡的“试验场”进行共同开发。我认为，这对于我们各自国家的未来及独立都至关重要。

让我们首先列一张简短的清单，这张清单包括未来几十年的新兴技术。

## 新兴技术

### 5G 技术

在电信领域，5G 是绕不开的技术，特别是考虑到通信量呈指数级增长，以及在流量和网络延迟时间方面的新需求。

幸运的是，中国因为有了华为而取得了巨大的进步，而美国则可悲地落在了后头。这就能解释为何美国不断采取行动向欧洲施压，目的就是让欧洲国家和运营商疏远华为，而且目前已经取得了一定的成效。美国的其他“附庸国”（如日本、印度、澳大利亚等）也都听从美国的指示。在此，我希望重申一个关键事实，那就是在唐纳德·特朗普的禁令下，美国制造商和台积电已经被禁止向华为销售部分关键电子元件了。

这也就意味着华为在欧洲的处境将更加危险。不过在其他地方，特别是在非洲，华为就不会有那么多的限制。如果非洲有了华为的 5G 技术，加上华为目前已经开始建设的光纤和星罗棋布的基站，我们将会在非洲拥有非凡的试验场地。

我预测，非洲大陆必然会成为世界上互联网连接最为紧密的地方之一。我们必须参与其中，为非洲的发展贡献一分力量，为当地人期望能够实现的经济、能源、水源、农业资源自主，以及粮食、教育和医疗资源自主贡献我们的力量。

目前，我们在光纤领域已经开展了一些大有可为的项目。我可以举个例子：在吉布提（法国在东非的前殖民地），一整套光纤网络将把这个小国与世界各地联系在一起，如中国、日本、阿联酋、法国，当然还有其他一些欧洲国家和美国。吉布提将成为“一带一路”倡议的一个重要节点，无论是在通信领域，还是在建设“非洲数字化大学”方面，或是在商业领域，吉布提都是我们进入非洲大陆的重要入口。

## 机器人、人工智能和 3D 打印

机器人技术正在向人类活动的各个领域渗透，包括最近在农业领域的应用。在制造业方面，那些曾经受制于劳动力成本太高的国家正变得越发有竞争力。波士顿咨询公司刚刚发布的年度报告显示，目前中国的制造成本仅比美国低 5%。欧洲的情况则更为不利，因为企业负担的社会保险支出太高了，只有更高的自动化水平才能缩小劳动力成本的差距。像墨西哥、印度、印度尼西亚、马来西亚这些国家仍然具有竞争力，更不必说非洲国家了，它们甚至还没有准确的劳动力成本数据。

人工智能这个术语目前也非常火。但在我看来，这个术语的表述并不准确，我们应该称之为“增强智能”。事实上，机器人在创造和想象方面，当然还有情感方面，永远都不能代替人类。机器人只会做那些我们命令它做并教会它代替我们做的事情。它唯一能做的便是增强人类在计算速度方面和搜索巨型数据库方面的能力，从而辅助我们进行决策。机器人会做那些我们不想做的工作。比如，它可以加快包裹分类的速度、收获农作物、参与实验室的工作，甚至参与外科手术。在未来的工厂里，机器人将无处不在。

3D 打印，或者我们应当称之为“增材制造”，是一项正在迅速发展的技术。这也是一项激动人心的技术，因为可以用来打印的材料种类越来越多，价格在下降，打印速度在加快，而且工业界正在学习在不同领域使用这一技术。这在不久之前还是难以想象的。我相信，我们将会迈向这样一个世界：小型制造工厂分散在本地消费者的附近，根据需求提供完全私人定制的产品，并在几天之内，甚至几小时之内送达。“增材制造”也特别适用于设计和制造数十亿个相互联结的物体（物联网），因为它将节省模具制造的成本和时间。这真是巨大的科技进步！中国在这方面的进步尤为显著。中国企业能够在很短的时间内，用前所未有的低成本建造出整栋建筑；而且还能制造出迄今仍难以想象的混合材料，特别是隔热材料。

## 物联网

正如我已经多次提及的，物联网已经贯穿于我们的日常活动，包括工业、经济、物流和私人活动。由于“智慧城市”得到了广泛部署，城市活动，包括居民家庭，都会受到物联网的深远影响。

直到此时，物联网才得以大显身手，因为只有利用 5G 技术才能够以前所未有的速度和流量实时处理大量信息。正是现在，我们才发现如今遍布的 Wi-Fi（无线通信技术）已经过时了。通过光而不是无线电波传输数据的 Li-Fi（可见光无线通信技术）很快会取代 Wi-Fi，因为它在传输量、速度及安全性方面都有巨大优势。光通过 LED（发光二极管）发射，因为 LED 是唯一能够以需要的超高速传输调制信号的载体。中国掌握了 LED 和 5G 技术，便足以主导世界工业了！

此外，还有一个领域非常重要，即我们国家需要拥有自己的操作系统。这一操作系统不应当由美国五大科技巨头提供（如安卓、iOS、Windows 系统等）。要想维护我们的独立和安全，我们必须能够自己管理数十亿的日常数据。

## 能　源

我们的经济活动带来的能源需求显然也是一个关键领域。我们对能源的需求日渐增加，然而为了保护地球，环保要求正日益趋紧，同时也显得越来越有必要。

许多国家的人民反对使用化石燃料（煤、石油、天然气）。在大多数民众反对的压力之下，我们还有什么其他能源可以选择呢？核能在这些国家也同样遭到抵制，因此也不是解决问题的好办法。

不幸的是，短期之内我们不能找到可以从根本上解决问题的方法。

提到能源，我想向读者介绍 OPEC（石油输出国组织）在奥地利维也纳发布的《2020 年世界石油展望》，里面给出了直到 2045 年不同能源生产的预测数据（见表 4.1）。

表 4.1　截至 2045 年不同能源生产的预测数据

| 能源种类 | 总量（百万桶 / 天） | | 占比（%） | |
|---|---|---|---|---|
| | 2019 | 2045 | 2019 | 2045 |
| 石油 | 91 | 99.5 | 31.5 | 27.5 |
| 煤 | 77.1 | 71 | 26.7 | 19.7 |
| 天然气 | 66.9 | 91.2 | 23.1 | 25.3 |
| 核能 | 14.4 | 20.8 | 5 | 6.1 |
| 水能 | 7.3 | 10.5 | 2.5 | 2.9 |
| 生物能 | 26.4 | 35.5 | 9.1 | 9.8 |
| 可再生能源 | 6 | 31.4 | 2.1 | 8.7 |

备注：尽管比重略有下降，石油仍将是主要能源；煤炭的比重会下降，但仍将是第三大能源；天然气将超越煤炭成为第二大能源；生物能比重将缓慢上升；可再生能源比重的上涨速度最快，但到 2045 年占比仍不到 10%，占比较小。

即使到了 2045 年，被认为是"高污染"的化石能源仍然占能源总供给的 72.5%。

表 4.1 中的数据尽管因为受到新冠肺炎疫情的影响在短期内会有所波动，但总体上，由于全球气候变暖而吁求减少人类影响的重大国际辩论的影响力仍然相对有限。

在所有的可再生能源中，我认为最应该发展的是太阳能，更确切地说是光伏发电。这项技术非常适合应用于居住着数百万居民的偏远地区，尤其是非洲，或是阳光普照的岛屿。幸运的是，中国是世界上最大的光伏电池供应国。

说到风能，我们在欧洲，特别是在法国，会看到声势浩大的反风能运动。奇怪的是，这些运动大都是由所谓的"环保主义者"

发起的，他们反对风力发电机装置造成的视觉污染，以及建造所需的大量混凝土和不可回收材料。20 世纪在美国就曾有大量的风力发电场被拆除。

不幸的是，非洲的很多国家风力较弱。中国则是世界上最大的风力发电国，原因既包括中国积极发展风能，也包括中国拥有广阔的未开发土地及风力强劲的地区。

能源领域还包括一些其他的重要问题。

首先是储存电力的问题。

事实上，如何处理可再生能源的不稳定性以及电力输送是非常重要的问题。最传统的储存电力的方法就是电池。然而要想改善电池的性能并取得技术突破还很困难，需要考虑电池能量密度、充电速度、充放电循环次数（即电池寿命）以及电池重量和成本等因素。另外一大难题则是自然界中用来制造电池的原料正变得越来越稀少。

由于氢燃料电池的性能大幅提升且价格下降，应用氢燃料电池会是未来的一大选择。世界各地都在进行氢燃料电池的实验，因为这种电池非常环保。生产氢能的成本及所消耗的能源量目前依旧很高，但在未来可能会出现“天然氢”。就像石油公司开采甲烷一样，以后我们也可以在地幔下找到氢气。我们正在研究这项具有广阔前景的技术。

其次是直流电的复兴。

140 年前的 1880 年，托马斯·爱迪生在纽约市电气化改造的战争中败下阵来。爱迪生是直流电的坚定支持者，而纽约市却选择了交流电，因为交流电可以高压输电。从那时起，几乎所有商业用电和居民用电都会使用交流电，也许只有铁路运输用电是例外。但是，由于许多参数保持一致更有利于直流电的使用，交流电主导的情况可能很快就会被改变。事实上，如今越来越多的设备开始使用直流电。我们所有的便捷设备，如手机、音频或视频设备、家用电器等，原本都是使用直流电的，转换成交流电不仅费用高昂，而且还会损耗约 25% 的能源。几个重要的新趋势将会增加直流电的使用：电动或者混合动力汽车都使用 48 伏直流电池发电；数字化的普及，特别是“智慧城市”，将需要用到直流电；物联网同样需要直流电；将公共和住所的照明系统统一换成 LED 灯也有利于直流电的发展，因为交流电并不适用于这些部件；最后，对于那些偏远的地区，特别是在非洲大陆，像太阳能这样的可再生能源只能通过直流电供应。

真正的变革会发生在人类能够实现核聚变的那一天。核聚变将释放无尽的能量，太阳和星星的能量正是来自这里。为了实现核聚变，全世界都在进行大量的实验。其中最重要的就是“国际热核聚变实验堆（ITER）计划”，这一计划涵盖 35 个国家，其中包括中国、日本、俄罗斯、印度、欧盟成员国和美国。核聚变能源也将是一种非常清洁的能源，它既不排放二氧化碳，也不产生放射性物质，而且所需的燃料取之不尽。不过这一计划目前只是一个示范项目，预计最早也要到 2050 年才能完成。如果这项计划成功了，人类在 21 世纪下半叶将可以使用这种新能源。有趣的是，我所居住的法国南部普罗旺斯省艾克斯市距离 ITER 计划选址所在地卡达拉舍只有几公里。

我答应你们，等 ITER 计划成功后，我会私下里为你们预留核聚变产生的几千瓦电。

回到人工智能这一熟悉的话题，我不禁在此处引用 1956 年约翰·麦卡锡在著名的达特茅斯会议上说过的话：“自古以来，统治的欲望便更多与睾酮，而不是与智力相关。这是一种铭刻在我们基因里的动物性行为，只是为了确保我们的生存。最聪明的人不一定是最有权力的人。”

我对此不予置评！

## 世界人口因素

要想对未来的诸多领域做出预测，显然我们必须考虑到人口方面的因素。事实上，世界各地的人口都在发生变化，而人口变化必然会影响经济。除了各国具体的人口数值，年龄曲线也会对经济产生一定影响。预计到 2050 年，世界人口会从 2020 年的 76 亿增加到 100 亿，之后会趋于稳定，但也有人预测的数字更为惊人。

从现在起到 2050 年，9 个国家的人口增长数量就将占世界人口增长的一半以上：印度（增加 2.6 亿）、尼日利亚（增加 1.95 亿）、巴基斯坦（增加 1.17 亿）、刚果民主共和国（增加 1.05 亿）、埃塞俄比亚（增加 9 000 万），紧接着是坦桑尼亚、印度尼西亚、埃及和美国。

与此同时，预计 55 个国家的人口将会减少，其中包括中国（减少 3 700 万）、日本（减少 2 000 万）、俄罗斯（减少 1 000 万）、乌克兰（减少 900 万）、意大利（减少 700 万），而届时中东欧国家的人口也将大幅减少。

同时，许多国家的人口将趋于老龄化，但这并不必然意味着其生产力和活力的下降，德国便是很好的例子。不过，移民会变得越来越重要。事实上，气候难民和经济移民的数量都会越来越多。比如，预计到 2050 年，撒哈拉以南非洲的人口将会翻倍，这必然会掀起前往欧洲旧大陆的移民潮。此外，日本极高的自动化程度并不足以弥补其出生率下降和人口老龄化产生的后果。因此，有些人预测，日本可能会首次向移民敞开大门。

此外，水资源也可能引发诸多严重的问题。不过，许多非洲国家目前存在的紧张局势，更多应归咎于政府治理不善，资源分配不均以及国内存在的政治投机与腐败现象，而不是由于这些国家的自然资源或农业潜力面临枯竭。

不过我个人依然对此保持乐观，因为我相信有了合适的盟友以及有远见且积极的战略，我们就可以从根本上扭转局面，将问题转化为机遇。这将是我们下一节会谈到的内容，即与获得水、能源、农业资源、教育和医疗资源相关的内容，同时还会特别提到非洲这片充满活力的年轻大陆面临的巨大机遇！

# 中法共创美好未来

## 关于中国和法国优势互补的提议

当今世界经济战争愈演愈烈，美国挑起的冲突也日益增多。在这一背景下，我相信建立新型国家联盟的做法是可取的。我在金普斯的亲身经历无疑让我眼界大开。过去，我受到历史和文化因素的影响，采取了与盎格鲁－撒克逊世界合作的战略。可是金普斯事件让我如今转向了同亚洲，特别是同中国进行更为紧密合作的战略思想。

当初金普斯在国际市场，特别是在亚洲市场大获全胜，然而美国市场却一直抵制我们的芯片卡。这样一对比，我的信念变得更加坚定了。

所以我要说清楚：不要和美国人一起工作，甚至还要与他们竞争。

在这里，我想分析中法两国各自的优势，以便实现双方优势互补，并强化彼此的优势。当然同时我还会分析各自的缺点，这不仅是为了认识到我们的不足之处，而且如果可以的话，还要尽可能地克服不足。

## 中国的主要优势

正如我们所看到的，中国在许多技术领域都有相当大的优势。特别是中国近 20 年来一直保持强大的活力，在世界上处于无可争议的领导地位。尤其是那些与我们的活动和利益相关的技术，比如 5G、光纤、可再生能源、LED、3D 打印、物联网等。即使是美国五大科技巨头开发的数字服务，中国也有自己的一套极具竞争力的产品。这些产品由中国四大互联网科技企业 BATX 开发，即百度、阿里巴巴、腾讯和小米。

我们还要提及在地缘战略层面同等重要的领域，比如海运、核工业、电动汽车、航空、医疗卫生等，以及最近中国在航天工业领域的表现。

此外，可再生能源、微电子等产业都是未来非常重要的产业，而中国在拥有这些产业所需的稀有材料方面具有垄断优势。由于幅员辽阔、矿产丰富，中国自身的“战略物资”就占世界的 66%，另外，中国同刚果民主共和国和南非签署了许多协议。由于在当地影响力巨大，中国几乎完全垄断了这些材料。根据经济合作与发展组织的数据，到 2060 年，对这些原材料的需求将会从目前的 790 亿吨增加一倍，达到 1 670 亿吨。

如果说中国有什么无可争辩的优势，那就是中国的活力、力量和效率。不过让中国与西方世界与众不同的关键之处，则在于中国能够看得更长远。据我分析，当西方社会的目光被引导投向企业的股票价格时，中国正在系统地规划未来几十年的目标。“一带一路”倡议便是一个很好的例子。

中国在发展中国家，特别是在非洲国家有着巨大的影响力。在这些国家的基础设施建设领域，如高速公路、铁路运输、新城建设、电子通信、矿产开采等，中国都发挥着重要作用。此外，在北京举行的第八届中非论坛上，习近平宣布为非洲国家的经济发展提供数百亿美元的援助。

法国教师、绿色能源融资专家贝尔热先生是中国主持起草的ISO 14000标准（环境管理标准）的协调员。他表示：“如今看来，中国似乎最有能力为绿色融资提供一系列连贯的基础规范。如果欧洲国家希望借此掌控一些基本商品的资本，恢复一定的经济自主，就应该采取中国的模式。”他在美国人接管金普斯之后强调：“这是因为谁拥有资本，谁就拥有了权力。”而后他继续补充道：“通过保持对能源转型领域关键企业资本的控制，以及对重要矿产和上述技术的掌控，中国实现了经济的腾飞，使之得以跻身世界经济大国前列。”

但是，中国取得的成就让西方各国坐立不安、十分恼怒，中国因此成了西方媒体系统性负面报道的靶子。这些虚假报道主要是由盎格鲁－撒克逊媒体集团发出的。中国能够迅速控制新冠肺炎疫情，降低损失，让人印象深刻。相反，在欧洲，特别是在美国，人们正在目睹一场灾难。西方媒体却就此猛烈抨击中国，指责中国是这一问题的源头。这些指责简直让人难以置信。

2020 年 12 月 2 日，就在我写作的当天，我听到了法国新闻电台的报道："昨天，中国的首个月球探测器成功着陆。"报道还说，中国已建成近 70 万个 5G 基站。而此时的欧洲如果失去了美国五大科技巨头提供的数字服务，欧洲人将难以生存。记者问道："在过去的 20 年，欧洲各国做出了哪些贡献？或许只有'生活的艺术'了吧！"

接下来让我们谈谈欧洲。

## 欧洲的问题

1993 年 11 月 1 日欧盟刚刚成立之时，曾被世人寄予厚望。

当时的人们希望努力建立世界上第一个经济共同体，取消边界管控，发行统一的货币（欧元），消除发生战争的风险。这种开创性的想法在当时广受赞誉。

刚开始一切都还很美好，充满希望。然而现在，我们必须承认欧盟在扩大至 27 个会员国之后，已然成为难以治理的"巨兽"。最初，这一组织只有 6 个初始会员国，然后很快变成 11 个，到了今天已经聚集了 27 个会员国。现在，欧盟已经是世界上最大的市场之一，拥有 4.43 亿人口，全盟的国内生产总值排名全球第三，仅次于美国和中国。

但是，本应管理欧盟这一异质性机构的欧盟委员会，如今却成了技术官僚的全球总部。尽管法国前总统吉斯卡尔·德斯坦是欧洲建设的坚定支持者，但是连他都宣称：“欧盟委员会的主要工作就是窃取各个会员国的主权。”他正是逝世于我写下这几行文字的同一天，也就是 2020 年 12 月 2 日。

我们怎么能指望在文化、语言、宗教、经济，还有政治，特别是在移民政策等领域上存在着诸多差异的 27 个国家团结一致呢？就在最近，英国完成脱欧程序，离开了欧盟。

欧洲目前正在寅吃卯粮，让后代背负债务。新冠肺炎疫情使这种局面更为恶化。

我注意到中国非常了解欧盟的这一情况。因为中国总是直接同欧盟国家单独展开谈判，而从来不会与欧盟委员会进行谈判，特别是在推进“一带一路”倡议时。目前中国已经与意大利和希腊等国签署了海运和贸易方面的双边协议。

这就是为什么我建议中法两国启动直接合作的进程，或者更确切地说，建议中国同包括我公司在内的一些富有热情的法国企业建立合作。

## 中法开展大规模双边合作的前景

我将法国称为大国，听起来可能会有些自大。从经济、人口和政治方面来说，法国现如今在国际舞台上意味着什么呢？乍一看，可能什么都不算。

法国本土（即在欧洲的领土）面积仅有 55 万平方公里，排在世界第 42 位。法国人口 6 700 万，仅排在第 20 名。

因此，在世界范围内，我们确实是一个“小国”。

然而，你们知道吗？

——算上法国控制的海外领土和“专属经济区”（包括陆地和水域），法国领海面积约为 1 100 万平方公里，位居世界第二。

——自从最近法国获得新的海上专属区域之后，我们现在拥有世界上最大的海洋面积，共计 1 300 万平方公里。

——由于法国有很多海外领土，法国是全球唯一领土遍及四大洲的国家。

——法国也是唯一领土涵盖一天中“最早”和“最晚”时区的国家：新的一天从法国的瓦利斯群岛和富图纳群岛开始，在法属波利尼西亚的塔希提岛结束。仅仅是法属波利尼西亚群岛横跨的面积就比整个欧洲还大。

——法语的使用范围遍及四大洲，在非洲大陆法语的使用范围很广。

——除了波利尼西亚，法国还拥有印度洋上的许多岛屿。

——法国的领土还延伸到大西洋的加勒比海和南美洲（法属圭亚那）。因为金普斯在法属圭亚那大获成功，加之我非常喜爱那里，以及我精通西班牙语（及西班牙语音乐），所以我到了那里就感觉像回到了家。

此外法国还在其他众多领域有巨大优势：

——旅游业：世界上到访游客最多的国家之一。

——农产品加工业：以葡萄酒和烈酒闻名。

——水处理：净化、淡化和循环利用。

——汽车配件：占据优势地位，如米其林轮胎。

——核电站：是主要供应商之一。

——奢侈品行业：位居世界第一。世界第一、第二及第七大奢侈品企业都是法国企业。

——海上运输：法国具有充分优势，如法国达飞海运集团。要知道全球约 90% 的贸易都是通过海运实现的。

——我们在民用和军用造船业、近海资源开采、海底电缆建设、海洋研究等领域的能力也被广泛认可。

——法国人也被认为是富有创造力的。比如：第一台个人计算机不就是在法国诞生的吗？在互联网出现之前，Minitel 难道不是世界上第一个大规模远程通信网络吗？有些可惜，法国的工业水平尚显欠缺，而其他国家做得更好。

——1789 年，难道不是法国人民率先掀起了革命的浪潮，从而建立了共和国吗？

1969 年 1 月 25 日，法国的政治家戴高乐将军宣布："未来海洋勘探与开发活动会越来越多。当然，世界各国都有寻求控制海洋的野心，希望能够控制海洋活动与资源。我们法国人，必须在目前进行的伟大事业中力争上游。"

戴高乐将军具有洞见、高瞻远瞩。他曾就经济议题说道："我很清楚，美元目前在国际货币和经济体系中的霸权地位会带来危险。美元的霸权地位，让美国人背上债务，只不过他们是免费从外国借款。因为美国人欠了债，只需要发行美元偿还即可。"50 年后，现实证明他的预言是对的！

这就是为什么，戴高乐将军一直希望能够回到金本位制。

或许能让这位伟人满意的另一件事，便是法国刚刚宣布要建造第二艘核动力航空母舰（第一艘被命名为“戴高乐”号）。与此同时，中国也在崛起。中国宣布建造第二艘国产航空母舰，并且还有另外两艘正在规划建造中。2020 年 10 月 14 日，法国新任海军参谋长皮埃尔·瓦尼耶说道：“我们正处于一个新的地缘政治周期，海洋空间成为充满摩擦、展现武力的场合，也许明天就会成为发生冲突之地。”他希望能以此证明法国加大对海军的投入是正确的。

现如今，时代变了。只要我们拼搏进取，我们就会取得胜利！我们是有办法的……

事实上，一些因素，特别是技术因素，已经发生翻天覆地的变化了。自从我被迫离开金普斯，我便一直投身研究海外国家的工作。

我的主要发现是：

——总体而言，对于这些偏远的国家和地区来说，最重要的是确保饮用水供应。这样才能形成小型渔业和农业社区，或者成功建成小型旅游中心。

——因为这些地方都是岛屿，所以都被海水环绕。并且，它们的环境总是像人间天堂般美好。

——但是从海水中提取淡水需要能量。而现在，有了太阳能电池板之后，我们就可以为小型海水淡化装置供电了。这种电池板在世界各地都易于安装，而且非常经济实惠。

——这些岛屿的日照时间非常长，而且风能可以通过小型风力发电机发电。

——最常用的海水淡化技术是反渗透技术。由于世界各地的船只都广泛应用反渗透技术，该技术在成本和性能方面都取得了显著进步。但是它同样需要能量才能够运作。

——另一个严重阻碍这些地方发展的问题存在于电信领域。目前已有解决方法。

——同时还应提到教育和卫生领域，这些领域到目前为止都还无法进行远程管理。

请相信我，这些国家和地区刚刚到达了历史上的转折点：

——我们知道如何在日照充足、风力强劲的地方以经济节约的方式利用太阳能和风能。

——有了能源，这些岛屿的用水便能够实现自给自足了，而且价格十分低廉，不过这个设想到目前为止仍未实现。

——如今，电信和数字技术已经准备就绪。将这些技术应用到所有孤零零的，甚至是被遗忘的国家和地区也就并非难事了。

——我们比以往任何时候都更熟练地掌握智能及节水农业技术，即永续农业①、海藻养殖、复合养殖②、无土栽培、渔业养殖等。

要想为这些地方提供水、电以及其他关键服务，以前的一贯

---

① 指以不耗尽地球自然资源的方式生产食物、能源等资源。

② 一般指鱼菜共生养殖，即把水产养殖与水耕栽培这两种原本完全不同的农耕技术，通过巧妙的生态设计，达到科学的协同共生效应。

做法是建造大型的发电厂并使用化石燃料或核能发电。至于要建造海水淡化厂，甚至发展集约化农业技术，就更需要这样做了。但是，富裕国家和大型企业垄断了这一切，因为只有它们才有足够的财政资源，提前攫取化石燃料在内的能源，并将能源优先供应给大型城市社区。而如今，我们打破了这一通行模式。

因此，请允许我再说一次：我们现在到达了历史真正的转折点！在我所珍视的“小即美”理念的应用下，未来会发生翻天覆地的变化。这一理念适用于所有地方，不仅仅是富裕的国家，还有那些偏远的国家和地区。非洲就是一个极佳的试验场地，特别是在解决人口问题和气候难民迁移的问题上。

正如法语常说的“cerise sur le gâteau”[①]，我的计划中需要应用的几乎所有必要的组件都来自中国，包括太阳能电池板、小型风力发电机、反渗透组件、用来装海水淡化系统的海运集装箱、由太阳能电池板供电并配备 LED 灯的独立安全照明部件，以及电信系统等。未来，我们为什么不借助中国开发的、神奇的 3D 打印技术，在这些天堂般的地方建造小旅游村呢？

想要开始实施、部署并经营我提出的计划，就必须摆脱欧盟强加的狭隘框架。原因正如我前面所说的，欧盟的官僚主义无处不在，其反应之迟滞让人难以忍受，并阻滞充满活力的企业发展。而且在欧盟，在游说团体的干预下，向来都是那些有钱有势者才会得到帮助。

① 直译为“蛋糕上的樱桃”，即“锦上添花”的意思。

朋友们，通过重点关注我们能够为偏远的国家和地区带来什么，特别是关注我们如何能让非洲人民在食物、水、能源、教育、医疗及就业方面获得充足的供应和自主的能力，我们便有机会让人类迈出一大步。未来，我们必须养活地球上的100亿居民，届时大部分人口增长都来自贫穷国家。我们还必须尽一切努力防止他们变成气候难民。

我们提出的方案可以迅速落地实施，成本非常低廉，而且有可能创造数百万个新岗位。所有这些方案都严格遵循环保理念，因为我们所有设备使用的都是可再生能源。

我还想在此补充非常重要的一点。我们之所以提出这些设想，不仅仅是为了让目前许多处于困境中的居民得以生存（包括水、食物、卫生、教育层面），更希望他们一旦在满足生存需求之后，能够有机会对自己的劳动成果加以利用。我们除了发展“绿色小型旅游业”为当地创造就业岗位以外，还会向他们提供加工和销售农产品、畜牧产品、水产品、工业品、手工艺品的渠道。

应当注意的是，很多岛屿都因为缺乏饮用水而无人居住。因此可以优先进行改造，让这些岛屿变得宜居，然后引入居民，比如气候难民和经济移民到那里居住。他们可以在这种特殊的环境中与家人生活并教育子女。

这种情景可能听起来过于理想，但确有可能发生。同时应当记住，很多国家和地区的沿海有丰富的资源。我们可以在严格遵守生态环境保护的要求下近海开发这些资源。

最后，我们不要忘记，最有前途的资源是当地人民的潜力，是他们对进步的渴望，是他们的年轻和活力。我们拥有现代教育系统，如今哪怕相隔很远都可以进行远程操作。通过远程教育，我们可以向非洲大陆上的众多青年，即一个充满创造力与智慧的社群提供教育。特别是在国家老龄化加剧的当下，这一做法显得尤为重要。

总而言之，不要忘记数字技术的贡献。我们未来的活动离不开数字技术，我们必须掌握数字技术，不再受困于美国五大科技公司的桎梏。我强烈建议应该使用我们自己研发的信息工具，特别是在操作系统层面。华为尝试自己开发鸿蒙 OS 的做法值得称赞。不过我认为，美国仍将持续对华为实施高压政策。很多国家会同我们一样，将在 5G 问题上承受重压。这就是为什么我建议开发一套性能同样出色的产品，而且相对“中立”。也许可以称之为“我们非洲的操作系统”。

我们总会有解决方案的！

# 后　记

亲爱的读者，你们能够从我的长篇辩护词中得出什么结论呢？

事实上，美国对我创建的金普斯实施的“抢劫”，让我如梦初醒，面对现实。我曾在美国工作多年，要么是在美企工作，要么是在与美企有密切联系的企业工作，总之，我以前生活在盎格鲁－撒克逊文化圈里。因为我创造的产品是面向全球的，所以，我培养出了自己面向全球市场的文化与能力。但在我职业生涯的大部分时间里，我都没有接触到美利坚帝国在情报与窃密领域的恶行，因而也就没有做好与之斗争的准备。

信息及微电子技术的出现为 CIA 和 NSA 这样的机构提供了非常强大的新工具。这些窃密行动由美国政府远程操纵，同时还有一些国家（主要是英国）参与共谋。我发明的芯片卡可以让这些情报机构建立广泛且强大的新型间谍系统，因为芯片卡是第一款覆盖全球的高科技数字产品。而数字间谍只需要坐在办公室里就能建立窃听情报的网络。

在他们窃取芯片卡这种工具时，我在不知不觉中成了第一个受害者。事实上，我正是美国掠夺者制造的这一病毒的“零号病人”。在这件事发生的10年以后，爱德华·斯诺登向大众揭露了“棱镜计划”；14年以后，阿尔斯通被美国通用电气公司掠夺及吞并，甚至连其高管也被美国判处入狱。而我竟然在被诬告违反美国对古巴的禁令之后逃脱了牢狱之灾，这简直就是个奇迹！

不过对我而言，这场让我和家人深受创伤的悲剧已经过去了。

有趣的是，经此一役，我变得更加积极主动。我可以毫不羞愧地说，美国目前和未来面临的问题对于我和我的朋友及盟友而言都是一个独特的机会。当然，这种说辞不仅仅是我个人的报复！

非凡广阔的国际舞台就在我们面前，全球的人道主义和生态环保事业都在蓬勃发展。与中国合作，发挥各自的特长，采取“双赢”战略，我们能够更加迅速地填补美国及其附属国留下来的巨大真空。

我们正处于历史重大变化的开端。美国的旧秩序问题重重，为我们提供了一个非凡的竞技场，即非洲和其他偏远国家与地区。而所有这些都是为了让更多人能够寻求到更有尊严的生活。

相信我，我们的精气神和幽默感会助我们成功！

说到这儿，我刚刚看到法国国家电视台报道巴黎街道常见的示威活动。

一个年轻漂亮的女孩举着一个牌子，上面写着：“老大哥、大数据、大制药厂、巨无霸！不！！”

这让我哈哈大笑！生活很美好，去奋斗吧！

马克·拉叙斯

# 译后记

从中兴受罚到华为被禁，种种缺“芯”之痛让我们意识到，中国芯片的发展之路崎岖不平。中美芯片之争是一场没有硝烟的战争，也是一场持久战、拉锯战。因此，中国若想走出芯片困境，必定同时需要勇气和理性。而芯片行业全球领先者、世界最大SIM卡制造商——法国金普斯公司的经历，或许能为中国提供可资借鉴的经验。

本书由金普斯公司创始人、前董事长马克·拉叙斯，和金普斯法国总部前亚太投资负责人古文俊合著。

马克·拉叙斯是法国工程师及物理学家，获得里昂大学理学博士学位。1967年，他任职于美国的摩托罗拉公司实验室，负责开发先进的半导体元件：存储器和微处理器。1988年，他在法国创建了金普斯公司。金普斯很快发展成为世界第一大芯片卡制造商及信息安全方面的领先企业，其主要生产包括银行卡、SIM

卡、医保卡和身份证在内的多种个人信息安全产品。与脸书公司相比，金普斯的用户数量在更短的时间内便达到了数十亿，金普斯的工厂遍布全球，当然也包括中国。拉叙斯在全球范围内取得了成功，他也得以结识了世界上的显要人物，登上了最负盛名的杂志头条。但很不幸，当美国意识到可以借助金普斯的 SIM 卡监控全球数十亿用户时，金普斯便成为美国情报部门“涉猎”的目标。美国中央情报局千方百计通过投资基金试图控制金普斯，粗暴地赶走了马克·拉叙斯，甚至对他施加经济和精神上的双重压力，而当年法国政府却坐视不管。今天，马克·拉叙斯还没有打算就此退休，他投身于一场新的科技变革，旨在为发展中国家获取能源、水源、教育资源以及发展适度规模的智慧农业，研发最具创新性的技术，并积极倡导一种更加公平、更加平衡的国际关系。

古文俊,毕业于深圳大学,公派法国巴黎高等商学院（ESCP）进修，获得法国国立路桥学校（ENPC）MBA 及法国马赛第三大学国际法学院国际法双硕士学位，曾任法国泰雷兹集团、金雅拓、金普斯[①]总部亚太投资负责人，大唐电信总裁助理，创毅集团副总裁，赛伯乐投资集团产业资深合伙人。曾参与包括 TD-LTE 基带芯片在内的多项国家芯片领域重大专项研究，曾获广东省科技进步一等奖，曾任北京科学技术委员会特聘专家、中国互联网协会特聘专家、TD-SCDMA 联盟高级顾问。古文俊具有丰富的高

① 金普斯跟雅斯拓合并形成金雅拓，后来并入泰雷兹集团。

科技产业发展及投资经验，并积累了广泛的国际化产业资源及人脉。古文俊目前是协同创新资本联席合伙人，负责中欧之间的产业及资本合作。

两位作者通过对亲身经历的回忆，详细讲述了“金普斯事件”与“美国陷阱”的始末，慷慨分享了金普斯公司取得成功的经验，揭露了美国情报部门运行机制的内幕。

本书译校工作由北京大学国家法治战略研究院牵头组织，北京大学法学院强世功老师、中国社科院欧洲研究所孔元老师与北京大学法学院硕士研究生赵高雅统筹主持，法意编译法语团队 9 名译者合作完成。具体分工如下：

序言、引言、前言：谭伟业翻译，张禹晗、邵晶巍校对；

第一章：董黛翻译，董一秀、张禹晗校对；

第二章第一节至第四节：麻可翻译，殷庭颢、张笑语、董一秀校对；

第二章第五节至第六节：张笑语翻译，张禹晗、殷庭颢、董一秀校对；

第二章第七节至第十节：张禹晗翻译，张笑语、殷庭颢校对；

第三章第一节至第三节：张禹晗翻译，邵晶巍、张笑语校对；

第三章第四节至第六节：王肖艳翻译，邵晶巍、张笑语校对；

第三章第七节：王肖艳翻译，张笑语、张禹晗校对；

第四章、后记：谭伟业翻译，张禹晗、邵晶巍校对。

全书的统稿与定稿工作由赵高雅、张禹晗完成。

在此向上述研究院、老师、译者，以及参与本书出版和制作的全体工作人员表达衷心的谢意。

本书是作者根据中国市场改写后的版本，与法语原版存在一定差别。同时内容偏叙述风格，译者团队在翻译的时候力图在不影响读者理解的情况下保留了作者的行文特色。但鉴于译者水平与时间有限，书中的错误和缺点在所难免，衷心希望广大读者给予批评指正。